Cuisiner les
légumes oubliés
du Québec

Anne Samson

Cuisiner les légumes oubliés du Québec

Anne Samson

MODUS
VIVENDI

© 2008 Les Publications Modus Vivendi inc.
© 2008 photographies

LES PUBLICATIONS MODUS VIVENDI INC.
55, rue Jean-Talon ouest, 2ᵉ étage
Montréal (Québec)
Canada
H2R 2W8

Directeur éditorial : Marc Alain
Designers graphiques : Émilie et Catherine Houle
Photographe : André Noël
Stylisme culinaire : Simon Roberge
Réviseure linguistique : Hélène Boulanger
Relectrice : Andrée Laprise

Dépôt légal - Bibliothèque et Archives nationales du Québec, 2008
Dépôt légal - Bibliothèque et Archives Canada, 2008

ISBN-13 978-2-89523-562-0

Nous reconnaissons l'aide financière du gouvernement du Canada par l'entremise du Programme d'aide au développement de l'industrie de l'édition (PADIÉ) pour nos activités d'édition.

Gouvernement du Québec - Programme de crédit d'impôt pour l'édition de livres - Gestion SODEC

Imprimé au Canada

Remerciements

Un gros merci, tout d'abord, à l'équipe de Modus Vivendi et spécialement à Marc-André Audet qui a cru dès le premier moment à mon projet.

Un immense merci à André Noël et à Simon Roberge qui ont créé de si belles et alléchantes photos.

Merci à mes si bons amis et à mes frères Martin et Jérôme d'être là quand j'en ai besoin.

Un merci spécial à Colète pour ses bonnes idées et sa présence bien appréciée. Un hyperlien merci @ David pour ses bons conseils.

Je veux aussi remercier Jacques pour son enthousiasme et sa bonne écoute. Nic, ton amour, ton appui, ta générosité font de moi la femme la plus chanceuse du monde. Nul doute que sans ton aide, ce livre n'aurait jamais vu le jour. Maman, papa, sans vous, je n'aurais pas cet amour de la bonne bouffe. Merci de toujours être là pour tout.

Je me dois de remercier tous ceux qui m'ont inspiré dans cette recherche, à commencer par les producteurs québécois de légumes et certains producteurs de fromages du Québec.

Merci également à tous ceux qui ont goûté mes recettes et m'ont fait des commentaires constructifs.

Et finalement, merci à Léa et Louis-Jacob pour leurs réconfortants « Mmmmm »; il n'y a pas de plus beaux commentaires sur terre !

Introduction
pour en savoir plus...

Il existe 70 variétés de légumes au Québec, cultivés sur une superficie de 43 503 hectares. Qui peut se vanter de les connaître tous? Bien sûr, il y a la carotte, la laitue, l'oignon et le chou, bien connus et les plus vendus au Québec. Le maïs représente 30 % de la production québécoise et la pomme de terre, 15 %. Quel légume les Québécois préfèrent-ils manger? La pomme de terre, bien sûr! Elle représente 40 % de tous les légumes consommés. Suivent ensuite la tomate, la laitue, la carotte et le maïs.

Mais où trouve-t-on la courge, le topinambour, le panais et les autres légumes mal connus et oubliés? Ces légumes poussent comme de la mauvaise herbe, tout comme la pomme de terre d'ailleurs, mais les Québécois semblent les avoir délaissés pour quelque raison que ce soit ou simplement par mégarde. Les deux guerres mondiales auraient apparemment une part de responsabilité dans ce délaissement puisque, à cette époque, les gens ont dû se tourner vers des légumes peu coûteux qu'on trouvait en abondance comme les topinambours, les pommes de terre, les salsifis et plusieurs variétés de courges. Et tous ces légumes ont été rejetés par la suite parce qu'ils incarnaient la pauvreté et les vaches maigres!

N'est-il pas temps de leur redonner un deuxième souffle, de leur accorder la valeur et l'attention qu'ils méritent?

Ce livre a pour simple et noble but de redorer l'image de certains légumes ou certaines variétés de légumes laissés de côté et boudés depuis quelque temps – trop longtemps selon moi – par les consommateurs, mais qui sont pourtant délicieux, accessibles et très abordables. Dans un contexte de mondialisation où l'on a accès à toutes sortes de légumes provenant du monde entier, il est également important de savoir que les agriculteurs québécois produisent une très grande variété de légumes. Acheter des produits québécois, c'est éviter la pollution liée au transport des aliments. Saviez-vous que le transport d'un kiwi de Nouvelle-Zélande génère cinq fois son poids en dioxyde de carbone (CO_2)? Donc pourquoi acheter des carottes de la Californie lorsque la carotte est le légume le plus cultivé au Québec après la pomme de terre? Acheter des légumes québécois, c'est aussi promouvoir le maintien de la diversité agroalimentaire et contribuer directement à la vitalité de l'économie rurale et à la création d'emplois.

Le simple fait de connaître les légumes qui poussent ici même au Québec et de savoir quoi en faire contribuera à leur redonner la place qu'ils méritent sur le marché. Si certains produits, comme le topinambour, la pomme de terre bleue et le chou-rave, sont encore difficiles à trouver dans les marchés ou les épiceries, d'autres, comme les diverses variétés de courges et de légumes-racines, s'y trouvent en abondance. Si plusieurs grands chefs québécois comme Anne Desjardins du restaurant *L'eau à la bouche* et Daniel Vézina de *Laurie Raphaël* intègrent des légumes oubliés dans leurs menus, n'est-ce pas là un indice de bon goût ?

Afin de vous permettre de découvrir ou de redécouvrir des légumes d'ici, de connaître leur origine et de savoir comment les apprêter et les déguster, nous abordons chacun d'eux sous sept aspects différents.

Anglais : Le nom du légume en anglais.

Histoire : Lorsque cela est possible, nous indiquons la provenance du légume ainsi que son histoire.

Description : Cette section vous renseigne sur la forme, la couleur, le goût et parfois même l'origine du légume.

Achat : Dans cette section, nous vous donnons des conseils sur l'achat du légume, la taille idéale à rechercher pour en retirer le maximum de saveur, l'apparence et la couleur qu'il devrait avoir, etc. Nous vous indiquons également les mois où le légume est disponible dans les épiceries et les marchés du Québec.

Conservation : Cette section vous informe sur les conditions maximales et le temps approximatif de conservation.

Préparation : Cette section contient des renseignements généraux sur la façon de préparer le légume pour le consommer. Se mange-t-il cru ou cuit, en salade ou en potage, etc.

Santé : Cette section vous renseigne sur les composantes nutritives du légume et, à l'occasion, sur certaines propriétés médicinales.

Bonne lecture et surtout bon appétit !

Table

des matières

Index

des recettes

Légumes-fruits

Aubergine *(Solanum Melongena)*

Aubergines à la parmigiana
Ratatouille
Moussaka végétarienne

Aubergine

(Solanum Melongena)

Anglais : *Eggplant*

Histoire : Connue depuis toujours en Inde. À son arrivée en Europe, elle avait la forme d'un œuf, d'où son nom anglais *eggplant*.

Description : L'aspect et la couleur des aubergines d'ici diffèrent des premières aubergines arrivées en Europe. En forme de cylindre, de massue ou d'œuf, elles sont de couleur violet foncé, blanche ou jaunâtre et ont la peau brillante. La variété la plus connue, tant en Amérique du Nord qu'en Europe, est l'aubergine pourpre foncé de forme allongée et ressemblant à une grosse poire.

Achat : Rechercher une aubergine ferme et lourde, à la peau lisse et de couleur uniforme. Si l'empreinte du doigt reste visible après une légère pression sur le côté, l'aubergine est mûre. Disponibilité au Québec : août à octobre.

Conservation : Fragile, elle s'abîme dans le transport. La mettre dans un sac de plastique perforé. Se conserve environ une semaine au réfrigérateur.

Préparation : Farcie, grillée, gratinée, en casserole, en brochette ou en purée.

Santé : Contient beaucoup d'eau. Elle est peu énergétique, mais renferme de nombreuses fibres, des vitamines B1 et B2, un peu de vitamine C et des sels minéraux, en particulier du potassium.

Aubergine
à la parmigiana

Entrée ou accompagnement pour 4 à 6 personnes

2 aubergines de taille moyenne

30 ml (2 c. à soupe) d'huile d'olive

1 oignon haché finement

1 gousse d'ail hachée

1 boîte (540 ml/19 oz) de tomates

2 ml (1/2 c. à thé) de basilic séché

2 ml (1/2 c. à thé) d'origan séché

2 ml (1/2 c. à thé) de sucre

2 ml (1/2 c. à thé) de sel

250 ml (1 tasse) de havarti Cayer de Saint-Raymond, râpé

Trancher les aubergines à 1 cm (1/2 po) d'épaisseur.

Déposer les tranches sur une plaque. Badigeonner les tranches d'huile d'olive de chaque côté.

Passer les aubergines sous le gril environ 4 minutes sur chaque face ou jusqu'à ce qu'elles soient dorées. Réserver.

Pour faire la sauce, faire revenir l'oignon et l'ail dans l'huile d'olive jusqu'à ce qu'ils soient translucides. Ajouter les tomates et les herbes, le sucre et le sel.

Laisser mijoter 30 minutes en brassant de temps en temps, jusqu'à ce que la sauce soit épaisse.

Couvrir chaque tranche d'aubergine d'une cuillère à soupe de sauce.

Parsemer de fromage et placer sous le gril pour faire fondre le fromage.

Ratatouille

Plat principal ou accompagnement pour 4 personnes

3 tomates en quartiers

3 courgettes en rondelles

1 aubergine en rondelles

1 poivron vert en lanières

1 poivron rouge en lanières

3 oignons moyens émincés

4 gousses d'ail hachées

80 ml (1/3 tasse) d'huile d'olive

1 feuille de laurier

5 ml (1 c. à thé) de thym séché

30 ml (2 c. à soupe) de basilic séché

15 ml (1 c. à soupe) de persil séché

Sel et poivre

Faire chauffer 30 ml (2 c. à soupe) d'huile dans une cocotte. Y faire dorer les tranches d'aubergine, puis les retirer. Mettre le reste de l'huile à chauffer dans la cocotte. Faire revenir les courgettes, les poivrons, les tomates et l'ail.

Mettre tous les légumes dans la cocotte, avec les herbes, le sel et le poivre.

Mélanger quelques minutes à feu vif, puis laisser mijoter à couvert pendant environ 1 heure.

Moussaka
végétarienne

Plat principal pour 6 à 8 personnes

2 aubergines en tranches de 1 cm (1/2 po)
Huile d'olive
1 oignon émincé
1 gousse d'ail hachée
250 ml (1 tasse) de lentilles vertes en boîte, rincées et égouttées
250 g (1/2 lb) de champignons
540 ml (1 boîte) de pois chiches rincés
796 ml (1 boîte) de tomates en dés
125 ml (1/2 tasse) de bouillon de légumes
1 feuille de laurier
30 ml (2 c. à soupe) de pâte de tomates
10 ml (2 c. à thé) d'herbes de Provence
45 ml (3 c. à soupe) d'eau
310 ml (1 1/4 tasse) de yogourt nature
3 œufs
125 ml (1/2 tasse) de fromage cheddar Perron de Saint-Prime en tranches
Sel, poivre

Trancher les aubergines à 1 cm (1/2 po) d'épaisseur.

Déposer les tranches sur une plaque. Badigeonner les tranches d'huile d'olive de chaque côté.

Passer les aubergines sous le gril environ 4 minutes sur chaque face ou jusqu'à ce qu'elles soient dorées. Réserver.

Faire revenir l'oignon et l'ail dans l'huile quelques minutes. Ajouter les lentilles, les champignons, les pois chiches, les tomates, la pâte de tomates, les herbes et l'eau. Remuer et porter à ébullition. Baisser le feu, couvrir et laisser mijoter 10 minutes.

Dans un plat carré profond allant au four, disposer une couche de sauce aux lentilles, une couche d'aubergines, une couche de sauce aux lentilles, une couche d'aubergines.

Battre le yogourt, les œufs, le sel et le poivre. Verser sur les aubergines.

Couvrir de fromage. Cuire au four préchauffé à 180 °C (350 °F), 45 minutes.

Courges et cucurbitacées

Courges d'été

Courgette (*Cucurbita pepo*)

Muffins aux dattes et aux courgettes
Courgettes farcies
Courgettes en galettes

Pâtisson (*Cucurbita pepo* var. *melopepo f. clypeiformis*)

Pâtissons au feta
Pâtissons frits

Courge à cou tors et courge à cou droit
(*Cucurbita pepo* var. *melopepo f. torticolis*)

Pennes d'Italie

Fleur de courgette

Beignets de fleurs de mini-courgettes au Sir Laurier
Fleurs de courgettes aux poivrons rouges

Courges et cucurbitacées

Les courges – faisant partie de la famille du concombre *(cucur-bitaceæ)* – regroupent des légumes-fruits de formes et de couleurs variées qui trouvent tous leur origine en Amérique. Il y a plus de 8 000 ans, les courges faisaient déjà partie de l'alimentation de base des Précolombiens. Les Aztèques, les Incas et les Mayas, peuples de l'Amérique latine, les cultivaient avec le maïs et les fèves. De nos jours, on les cultive partout dans le monde. Le Québec et l'Ontario sont les deux plus importantes provinces productrices au Canada.

En plus des espèces sauvages, toutes amères et non comestibles, on dénombre cinq espèces de courges comestibles : la courge potagère *(C. pepo)*, la courge géante *(C. maxima)*, la courge musquée *(C. moschata)*, la courge de Siam *(C. ficifolia)* et l'ayote *(C. argyrosperma = C. mixta)*. Toutes les sortes connues (plus de 300 variétés) descendent de ces 5 espèces. On regroupe les courges principalement sous deux grandes familles : les courges d'été et les courges d'hiver, qui se distinguent par leur temps de conservation. Les premières se conservent environ une semaine, tandis que leurs sœurs se conservent de une semaine à un an (selon la variété) à l'abri du froid, de la chaleur et de l'humidité.

Courges d'été

Les courges d'été sont beaucoup plus connues, leur peau est tendre et comestible. Les courges d'été sont récoltées très jeunes, deux à sept jours après la floraison; elles sont fragiles et se conservent peu de temps. On parle ici bien sûr de la courgette, connue aussi sous le nom de zucchini, mais aussi d'autres variétés moins connues que vous découvrirez très bientôt. La disponibilité des courges d'été du Québec s'étend du mois d'août jusqu'à la mi-octobre.

La souveraineté alimentaire est un **concept** développé et présenté pour la première fois lors du Sommet de l'alimentation organisé par la **FAO** à Rome en 1996. Elle accorde une importance aux conditions sociales et environnementales de production des aliments. Au niveau local, la souveraineté alimentaire favorise le maintien d'une agriculture de proximité destinée en priorité à alimenter les marchés régionaux et nationaux. (http://fr.wikipedia.org)

Courgette
(Cucurbita pepo)

Anglais : *Zucchini*

Histoire : La courgette est d'origine américaine et non italienne comme tout le monde le pense. Elle était inconnue en Europe avant le XVIe siècle.

Description : De forme allongée, elle ressemble à un gros concombre; sa peau mince et lisse est jaune ou verte et parfois rayée de jaune ou marbrée. Sa chair blanchâtre est très juteuse.

Achat : Elle est particulièrement savoureuse lorsqu'elle mesure entre 15 et 20 cm (6 et 8 po). Son écorce doit être ferme, tendre, luisante et sans aucune tache. La disponibilité des courges d'été du Québec s'étend du mois d'août jusqu'à la mi-octobre.

Conservation : Se conserve mal car la courgette est récoltée avant la maturation. On peut cependant la blanchir et la congeler.

Préparation : Elle se prête à de nombreux usages, du populaire pain aux courgettes jusqu'aux courgettes au four et à la soupe aux courgettes. Se cuit à la vapeur ou grillée mais peut même se manger crue, en salade ou en légume d'accompagnement, farcie, en rondelles ou en juliennes.

Santé : Composé de beaucoup d'eau, de peu de lipides, de protides et de sucres, la courgette contient par contre de la vitamine C, de la provitamine A et de nombreux oligo-éléments.

Muffins aux dattes
et aux courgettes

Donne 18 muffins

3 œufs battus

375 ml (1 1/2 tasse) de sucre

10 ml (2 c. à thé) de vanille

125 ml (1/2 tasse) de compote de pommes

125 ml (1/2 tasse) d'huile végétale

625 ml (2 1/2 tasses) de farine

5 ml (1 c. à thé) de sel

5 ml (1 c. à thé) de cannelle

5 ml (1 c. à thé) de bicarbonate de sodium

10 ml (2 c. à thé) de poudre à pâte

500 ml (2 tasses) de courgettes râpées

250 ml (1 tasse) de noix hachées

250 ml (1 tasse) de dattes hachées

250 ml (1 tasse) de raisins secs

Préchauffer le four à 200 °C (400 °F).

Dans un bol, battre les œufs, le sucre, la vanille, la compote et l'huile jusqu'à consistance homogène.

Dans un autre bol, mélanger la farine, le sel, la cannelle, le bicarbonate de sodium et la poudre à pâte. Incorporer à la préparation précédente. Ajouter les courgettes, les noix, les dattes et les raisins. Mélanger pour humecter.

Répartir la préparation dans 18 moules à muffins beurrés.

Cuire les muffins de 20 à 25 minutes.

On peut également cuire la préparation 1 heure dans deux moules à pain, au four préchauffé à 180 °C (350 °F).

Courgettes farcies

Entrée ou accompagnement pour 4 personnes

2 courgettes d'environ 20 cm (8 po) chacune ou 4 plus petites

30 ml (2 c. à soupe) d'huile d'olive

1/2 poireau haché finement

1 gousse d'ail hachée

1/2 poivron rouge haché finement

4 gros champignons hachés finement

1/2 branche de céleri hachée finement

1 tomate coupée en dés

15 ml (1 c. à soupe) de concentré pour bouillon de poulet

30 ml (2 c. à soupe) de chapelure

30 ml (2 c. à soupe) de noix de pignon

Préchauffer le four à 180 °C (350 °F).

Couper les courgettes en deux, horizontalement. À l'aide d'une cuillère, creuser une cavité sur toute la longueur, de façon à pouvoir les farcir. Couper en dés la chair prélevée. Réserver.

Faire revenir le poireau et l'ail dans l'huile 2 à 3 minutes dans une poêle, à feu moyen. Ajouter le poivron, les champignons, le céleri ainsi que les dés de tomates et de courgettes. Bien mélanger. Poursuivre la cuisson de 4 à 5 minutes. Incorporer le concentré pour bouillon, la chapelure et les noix de pignon.

Farcir les demi-courgettes de cette préparation et cuire environ 30 minutes. Servir chaud.

Courgettes
en galettes

Pour 15-20 galettes

4 courgettes moyennes ou 2 grosses

30 ml (2 c. à soupe) de gros sel

2 échalotes grises, hachées finement

1 œuf

1 ml (1/4 c. à thé) de basilic

Poivre

125 ml (1/2 tasse) de farine

45 ml (3 c. à soupe) d'huile d'olive

Couper les courgettes en deux, sur la longueur et retirer la partie tendre à l'aide d'une petite cuillère. Les râper, puis les saupoudrer de gros sel. Laisser dégorger 10 minutes. Rincer les courgettes à l'eau froide, puis les presser dans un tamis pour en extraire tout le liquide.

Dans un bol, mélanger les échalotes, les courgettes, l'œuf, le basilic et le poivre. Ajouter suffisamment de farine pour former de petites boulettes plates.

Faire chauffer l'huile dans une poêle et faire cuire les boulettes 3 ou 4 minutes de chaque côté.

Les aliments produits localement sont plus frais et requièrent moins d'agents de conservation et d'emballage que les aliments provenant de l'autre bout du globe.

Pâtisson

(Cucurbita pepo var. melopepo f. clypeiformis)

Anglais : *Pattypan squash* ou *petit pan squash*

Histoire : Originaire de l'Amérique, le terme pâtisson vient de l'ancien français *pastitz*.

Description : Courge à forme inusitée, souvent comparée à un chapeau de champignon, elle a une forme arrondie avec une couronne festonnée. Sa peau est jaune, blanchâtre ou verte. Cette courge est un peu moins tendre que la courgette. Sa saveur rappelle celle de l'artichaut.

Achat : Le pâtisson est savoureux lorsqu'il mesure de 8 à 10 cm (3 à 4 po) de diamètre ou moins. Il est alors plus tendre et on n'a pas à enlever la pelure. On peut l'acheter plus gros; il sera aussi très savoureux, mais il faudra alors enlever la pelure qui sera plus coriace quoique comestible. Son écorce doit être ferme, tendre, luisante et sans aucune tache. La disponibilité des courges d'été du Québec s'étend du mois d'août jusqu'à la mi-octobre.

Conservation : S'il fait moins de 10 cm (4 po), il se conserve mal car il est cueilli avant la maturation. On peut cependant le blanchir et le congeler. Les plus petits pâtissons peuvent être conservés dans le vinaigre, ou jusqu'à une semaine au réfrigérateur. Les plus gros se conservent un peu plus longtemps puisque leur chair est plus dure.

Préparation : Les plus petits se préparent comme la courgette, c'est-à-dire qu'on n'a pas à les peler. On les coupe en tranches ou en cubes, on les blanchit quelques minutes, on les fait revenir dans la poêle ou on les cuit à la vapeur comme la courgette. On peut aussi les farcir tel un piment. Gratiner et servir chaud. Un délice pour la bouche et les yeux. Pour les plus gros (plus de 10 - 12 cm/4 - 5 po), il est préférable de les peler.

Santé : Composé de beaucoup d'eau, de peu de lipides, de protides et de sucres, le pâtisson est peu nutritif. Il contient par contre de la vitamine C, de la provitamine A et de nombreux oligo-éléments.

Pâtissons
frits

Entrée ou accompagnement pour 6 personnes

6 pâtissons d'environ 10 cm (4 po)

250 ml (1 tasse) de farine tout usage

1 ml (1/4 c. à thé) de sel

15 ml (1 c. à soupe) d'huile végétale

310 ml (1 1/4 tasse) d'eau

2 blancs d'œufs

Huile d'arachide pour la friture

Sel d'ail

Mélanger la farine, le sel, l'huile et l'eau avec une cuillère de bois. Laisser reposer au réfrigérateur 30 minutes.

Couper les pâtissons en bâtonnets de 1 cm (1/2 po) par 10 cm (4 po).

Monter les blancs d'œufs en neige. Retirer la pâte du réfrigérateur et incorporer les blancs d'œufs battus.

Placer les morceaux de courges dans la pâte à frire. Bien les enrober.

À l'aide d'une pince, placer les bâtonnets dans l'huile chaude, un à un pour ne pas qu'ils s'agglutinent. Faire frire quelques secondes dans l'huile chaude, juste assez pour dorer les bâtonnets.

Retirer les morceaux et les placer dans un bol recouvert d'essuie-tout pour enlever l'excédent d'huile.

Saler et servir.

Pâtissons
au feta

Accompagnement pour 4 personnes

3 pâtissons moyens

1 boîte (796 ml/28 oz) de tomates en dés

1 oignon émincé

5 ml (1 c. à thé) de basilic séché

45 ml (3 c. à soupe) d'huile d'olive

Sel et poivre au goût

250 ml (1 tasse) de fromage feta émietté

Préchauffer le four à 180 °C (350 °C).

Si le pâtisson est gros, en retirer la pelure (voir la partie achat plus haut). Couper les pâtissons en petits dés.

Faire revenir l'oignon et le basilic dans l'huile d'olive quelques minutes pour rendre l'oignon translucide. Ajouter les tomates et faire mijoter environ 15 minutes. Ajouter le sel et le poivre, puis retirer la casserole du feu dès que la sauce est prête.

Huiler ou beurrer un plat à gratin. Y déposer des couches de pâtisson, de fromage et de sauce tomate en alternance. Répéter.

Couvrir d'un papier d'aluminium et mettre le plat au four. Laisser cuire pendant 25 à 30 minutes. Servir chaud.

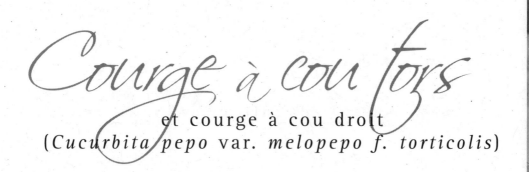

Courge à cou tors
et courge à cou droit
(*Cucurbita pepo* var. *melopepo* f. *torticolis*)

Appelée aussi courge d'Italie ou courge torticolis

Anglais : *Crookneck - Straightneck*

Description : Ces deux courges sont jaunes tant à l'extérieur qu'à l'intérieur, mais peuvent aussi avoir une pelure de couleur verte. Elles sont couvertes de petites bosses et leur base est renflée. La courge à cou tors a un mince cou crochu et ressemble à une oie.

Achat : Elle est au maximum de sa saveur lorsqu'elle mesure entre 20 et 25 cm (8 et 10 po) de long. La disponibilité des courges d'été du Québec s'étend du mois d'août jusqu'à la mi-octobre.

Conservation : À la température de la pièce de un à trois mois.

Préparation : On l'apprête comme la courgette, crue, grillée, étuvée ou à la vapeur.

Santé : Bonne source de vitamines A et C.

Selon une étude du Worldwatch Institute, un aliment parcourt en moyenne de 2 500 à 4 000 km, du champ à la table (Laure Waridel, *L'envers de l'assiette*, Écosociété, 2003, p. 6). Le transport, par sa consommation de combustibles fossiles, contribue au réchauffement planétaire par l'émission de gaz à effet de serre.

Pennes

d'Italie

Plat principal pour 4 à 6 personnes

454 g (1 lb) de pennes

45 ml (3 c. à soupe) d'huile d'olive

1 courge à cou tors ou à cou droit

2 poivrons rouges

1 oignon

1 barquette de champignons

1 pied de brocoli

500 ml (2 tasses) de purée ou sauce tomate

125 ml (1/2 tasse) de suisse Saint-Fidèle de La Malbaie, râpé

125 ml (1/2 tasse) de cheddar de la fromagerie Perron de Saint-Prime, râpé

5 ml (1 c. à thé) d'herbes de Provence

Poivre fraîchement moulu

Fromage parmesan pour gratiner

Préchauffer le four à 230 °C (450 °F).

Cuire les pennes 2 minutes de moins que l'indication sur l'emballage. Égoutter et réserver.

Couper tous les légumes en gros morceaux.

Placer les légumes sur une plaque à biscuits et arroser d'un filet d'huile d'olive.

Placer au four 15 minutes. Retirer les légumes et réduire la température du four à 180 °C (350 °F).

Mélanger les légumes grillés, les pennes, la purée ou la sauce tomate, le fromage, les herbes de Provence et le poivre. Verser dans un plat à gratin.

Saupoudrer de fromage parmesan et faire cuire au four pendant 45 minutes.

Fleur de courgette

Anglais : *Zucchini flower*

Description : Fleur des courges d'été possédant l'apparence d'un petit bulbe et dont la couleur varie dans les teintes de jaune et d'orangé.

Achat : Lorsque les fleurs de courgettes sont cueillies le matin, elles sont plus faciles à farcir puisqu'elles s'ouvrent avec le soleil. Disponibilité au Québec : entre juin et septembre dans les marchés publics.

Conservation : Ces fleurs extrêmement périssables ne peuvent être gardées plus d'une journée au réfrigérateur.

Préparation : Souvent servies sautées, enduites de pâte à frire ou farcies, les fleurs de courgettes agrémentent également les soupes, les salades, les omelettes, le riz, les fruits de mer et la volaille.

Une grande diversité d'aliments pouvant être produits au Québec sont importés et sont souvent moins chers que les produits locaux. Cependant, des facteurs tels que la pollution des sols, de l'air et de l'eau, les pertes d'emplois, l'exploitation des travailleurs et les abus de toutes sortes sont considérés comme des « externalités ». Ils ne sont pas inclus dans le prix payé par les différents intermédiaires et les consommateurs. Ce sont les collectivités et les générations futures qui feront les frais des conséquences environnementales et sociales de la concurrence économique.

Beignets
de fleurs de mini-courgettes au Sir Laurier

Accompagnement pour 4 personnes

12 fleurs de courgettes (env. 300 g)
250 ml (1 tasse) de farine tout usage
1 ml (1/4 c. à thé) de sel
15 ml (1 c. à soupe) d'huile végétale
310 ml (1 1/4 tasse) d'eau
2 blancs d'œufs
125 g (1/4 lb) de Sir Laurier d'Arthabaska
de la fromagerie Côté à Warwick, au réfrigérateur
Huile d'arachide pour la friture
Coulis de tomates du commerce, ou maison

Mélanger la farine, le sel, l'huile et l'eau avec une cuillère de bois. Laisser reposer au réfrigérateur 30 minutes.

Couper le fromage bien froid en petits dés. Réserver.

Nettoyer délicatement les fleurs de courgettes, ouvrir les pétales et retirer le pistil.

Farcir les fleurs de courgettes avec les cubes de fromage.

Monter les blancs d'œufs en neige. Retirer la pâte du réfrigérateur et incorporer les blancs d'œufs battus.

Tremper les fleurs, l'une après l'autre, dans la pâte, puis les frire dans la friteuse jusqu'à ce qu'elles soient dorées.

Retirer les fleurs et les placer dans un bol tapissé d'essuie-tout pour enlever l'excédent d'huile.

Servir les beignets de fleurs de courgettes avec le coulis de tomate. Ces beignets se consomment tièdes.

Fleur de courgette

aux poivrons rouges

Entrée pour 4 personnes

2 poivrons rouges

150 g (5 oz) de ricotta

20 g (env. 1 c. à soupe) de beurre

12 fleurs de courgettes (env. 300 g)

5 ml (1 c. à thé) de romarin

50 g (1 3/4 oz) de parmesan râpé

1 œuf

90 ml (6 c. à soupe) de crème 35 %

Sel et poivre

Couper les poivrons en lanières.

Faire fondre le beurre et faire revenir les lanières de poivrons. Mouiller avec 100 ml (1/3 tasse + 2 c. à thé) d'eau et laisser cuire à couvert, sur petit feu, jusqu'à ce qu'elles soient tendres. Réduire en purée, reverser dans la casserole et réserver.

Nettoyer délicatement les fleurs de courgettes, ouvrir les pétales et retirer le pistil.

Hacher finement les aiguilles de romarin et mélanger avec la ricotta, le parmesan et l'œuf. Saler, poivrer.

Remplir une poche à douille sans embout et farcir les fleurs de courgettes.

Disposer les fleurs de courgettes dans un panier-vapeur.

Dans une casserole, porter à ébullition 750 ml (3 tasses d'eau). Placer le panier-vapeur au-dessus et cuire 10 minutes à feu moyen.

Pendant ce temps, fouetter la crème. Réchauffer la purée de poivrons, saler et poivrer, puis incorporer la crème fouettée.

Diviser la sauce aux poivrons dans 4 assiettes et disposer les fleurs de courgettes dessus.

Courges et cucurbitacées

Courges d'hiver

Citrouille (*Cucurbita maxima*)

Muffins à la citrouille et aux canneberges
Tarte au fromage et à la citrouille
Marmelade à la citrouille
Galettes à la citrouille

Courge musquée ou butternut (*Cucurbita moschata*)

Lasagne à la courge et aux épinards
Couscous à la courge musquée, aux tomates séchées et au fromage d'Oka
Muffins à la courge musquée et aux pommes

Courge Hubbard (*cucurbita maxima*) et Courge banane

Gratin dauphinois à la courge
Frites de courge

Giraumon ou turban
(*Cucurbita maxima var. turbaniformis*)

Pâté au saumon nouveau genre
Potage à la courge turban et aux pommes

Courge buttercup (*Cucurbita maxima*)

Pain courgé
Poulet et courge épicés

Courgeron ou courge poivrée (*Cucurbita pepo*)

Couscous poulet et courge
Hachis de courge poivrée

Courge spaghetti (*Cucurbita maxima*)

Courge spaghetti au citron
Spaghetti tendre carbonara

Rouge vif d'Étampes appelé aussi potiron
(*Cucurbita maxima*)

Fusillis aux crevettes et à la courge
Potage de courge à l'orange

Potimarron ou ambercup (*Cucurbita maxima*)

Pouding chômeur au potimarron
Confiture de potimarron et de canneberges

Graines de courge

Graines de courge à l'érable
Pesto d'Halloween

Huile de courge

Courges d'hiver

Les courges d'hiver regroupent les courges à chair plus dure. La plus connue est bien sûr la citrouille qui enjolive nos automnes dans les marchés et qui est utilisée comme décoration de l'Halloween. Il existe aussi plusieurs autres belles variétés dans les marchés, mais parce que vous ne savez quoi en faire, vous vous contentez de les regarder. Mais ce temps est terminé puisque ce livre vous guidera dans l'achat et la préparation de ces magnifiques légumes. Les courges d'hiver sont donc un regroupement de courges, récoltées à pleine maturité. Elles ont une chair beaucoup plus sucrée que les courges d'été et deviennent moelleuses à la cuisson. La peau de la courge d'hiver est épaisse et non comestible, difficile à percer et sert de protection efficace durant une plus longue période.

Achat : Les courges d'hiver doivent avoir conservé leur tige, ce qui ralentit la déshydratation. Pour vérifier si elles ont été récoltées à maturité, c'est-à-dire à leur meilleur, l'ongle ne doit pas y laisser de trace. L'écorce doit être dure, ne pas être fendillée ni luisante. Disponibilité au Québec : de septembre à la mi-novembre.

Conservation : Se conserve de 1 à 12 mois selon la variété, dans un endroit sec et à l'abri de la lumière.

Préparation : Les courges peuvent être cuites avec l'écorce, au four, à la vapeur, à l'autocuiseur, au micro-ondes ou dans l'eau bouillante. Cette dernière méthode en atténue cependant la saveur et risque même d'en diminuer le contenu en vitamines.

Cuisson au four : On privilégie donc la cuisson au four qui se fait comme suit : on coupe la courge en deux sur la longueur. On en retire les graines et les matières fibreuses. On la dépose, côté coupé au-dessous, dans un récipient contenant un peu d'eau et on la recouvre de papier d'aluminium. On la met au four à 180 °C (350 °F) de 30 à 60 minutes, selon la grosseur. On peut aussi la peler, en retirer les graines et les matières fibreuses, la couper en morceaux et la faire bouillir de 15 à 20 minutes.

En choisissant de nous approvisionner en fruits et légumes locaux, nous contribuons au maintien de la diversité agroalimentaire.

Cuisson à la vapeur : Couper la courge en tranches ou en morceaux, les saler, les déposer dans une marguerite et les faire cuire de 15 à 40 minutes, selon la grosseur des morceaux.

Cuisson au micro-ondes : Couper la courge en deux, retirer les graines, recouvrir d'une pellicule en relevant un des coins. Cuire à intensité maximale de 10 à 15 minutes ou jusqu'à tendreté.

Santé : Les courges d'hiver sont une excellente source de provitamine A. Plus la chair est orangée, plus la courge contient de cette provitamine, qui aide au mécanisme de vision nocturne ainsi qu'au maintien de la santé de la peau et des tissus. La provitamine A joue aussi un rôle dans le renforcement des défenses immunitaires. Les courges d'hiver sont aussi une excellente source de vitamine C. Avec un apport énergétique particulièrement modéré, les courges sont un aliment de choix pour les régimes hypocaloriques et pour tous ceux qui veulent garder la ligne. De plus, les courges sont une source importante de fibres, ce qui favorise la digestibilité et le transit intestinal. Elles ont une action stimulante et laxative due à la présence de mannitol; la consommation régulière de courges aide à résoudre les problèmes de constipation. Elles possèdent une grande richesse en minéraux : potassium, phosphore, calcium et magnésium.

Plusieurs recettes utilisent la purée de courge comme base. Les courges farineuses telles que les potimarrons, buttercup, turbans et Hubbard fournissent une purée sèche et ferme. Les autres courges donnant une purée plus liquide, on doit égoutter celle-ci dans une passoire fine pour en retirer le surplus de liquide. On peut utiliser la purée de courge fraîche, mais on peut aussi la congeler ou la stériliser dans des bocaux. Après l'avoir décongelée, il faut absolument la laisser égoutter.

Purée de courge

Couper la courge en deux et retirer les graines. Faire cuire la courge au four sur une plaque (côté coupé vers le bas) ou dans du papier d'aluminium à 180 °C (350 °F) pendant environ 50 minutes (selon la grosseur) ou jusqu'à ce qu'elle soit tendre. Vous pouvez aussi la faire cuire au micro-ondes de 8 à 10 minutes ou à la vapeur en la coupant en morceaux.

Évider la chair à l'aide d'une cuillère et en faire une purée au robot.

Égoutter la purée si elle semble très liquide ou gorgée d'eau, surtout si elle a été cuite à la vapeur.

Selon la variété de courge, on obtiendra 50 à 80 g (environ 1/3 tasse) de purée pour 110 g (1/2 tasse) de chair.

Citrouille

(Cucurbita maxima)

Anglais : *Pumpkin*

Description : Avec le potiron, ce sont toutes deux les plus grosses courges d'hiver pouvant atteindre 1,7 m (5 1/2 pi) de circonférence et peser jusqu'à 50 kg (110 lb).

Comment les différencier au premier coup d'œil ? La citrouille est beaucoup plus ronde, tandis que le potiron est beaucoup plus évasé. La citrouille possède une peau lisse et dure de couleur orangée, une chair jaune orangé sèche et sucrée, un pédoncule dur et fibreux, à cinq côtés anguleux et sans renflement au point d'attache.

Achat : Ferme, lourde dans la main; écorce dure et régulière, sans taches ni craquelures. Disponibilité au Québec : septembre à mi-novembre.

Conservation : Dans un endroit frais, la citrouille se conserve de quelques semaines à plus de six mois. Certaines renforcent leur goût si on attend quelque temps avant de les manger.

Préparation : Coupée en morceaux, cuite à la vapeur, au four ou bouillie. On en fait une purée pour utilisation dans toute sorte de recettes.

Santé : Peu de calories mais haute teneur en fibres. Riche en vitamines A, B, C (plus la courge est orangée, plus elle contient de la vitamine A) et en sels minéraux : calcium, fer, potassium.

Muffins à la citrouille

et aux canneberges

Donne 12 muffins

250 ml (1 tasse) de farine tout usage

125 ml (1/2 tasse) de farine de blé

180 ml (3/4 tasse) de flocons d'avoine

10 ml (2 c. à thé) de poudre à pâte

7 ml (1 1/2 c. à thé) de zeste de citron râpé finement

5 ml (1 c. à thé) de cannelle moulue

1 ml (1/4 c. à thé) de bicarbonate de sodium

1 ml (1/4 c. à thé) de muscade moulu

0,5 ml (1/8 c. à thé) de sel

1 œuf battu

180 ml (3/4 tasse) de lait

250 ml (1 tasse) de purée de citrouille

125 ml (1/2 tasse) de cassonade tassée

80 ml (1/3 tasse) d'huile

180 ml (3/4 tasse) de canneberges séchées

12 demi-pacanes

Préchauffer le four à 200 °C (400 °F).

Dans un bol, mélanger les farines, les flocons d'avoine, la poudre à pâte, le zeste de citron, la cannelle, le bicarbonate de sodium, la muscade et le sel. Faire un puits au centre des ingrédients.

Dans un autre bol, mélanger l'œuf, le lait, la purée de citrouille, la cassonade et l'huile. Ajouter cette préparation au centre des ingrédients secs. Mélanger jusqu'à ce que la pâte soit humide (la pâte doit être granuleuse). Incorporer les canneberges.

À l'aide d'une cuillère, répartir la pâte à muffins dans 12 moules à muffins de 6 cm (2 1/2 po) légèrement graissés ou tapissés de moules en papier (remplir les moules aux trois quarts). Placer une demi-noix de pacane sur chacun des muffins. Cuire au four de 15 à 20 minutes.

Tarte au fromage
et à la citrouille

8 portions

1 abaisse de tarte

Zeste d'une orange

Garniture à la citrouille :

375 ml (1 1/2 tasse) de purée de citrouille

180 ml (3/4 tasse) de cassonade

1 paquet (4 oz/125 g) de fromage à la crème ramolli

125 ml (1/2 tasse) de crème à 35 %

2 œufs

15 ml (1 c. à soupe) de farine

5 ml (1 c. à thé) de cannelle

5 ml (1 c. à thé) de vanille

2 ml (1/2 c. à thé) de gingembre moulu

2 ml (1/2 c. à thé) de muscade moulue

2 ml (1/2 c. à thé) de sel

125 ml (1/2 tasse) de crème fouettée

Préchauffer le four à 190 °C (375 °F).

Abaisser la pâte pour en couvrir une assiette à tarte de 23 cm (9 po) de diamètre. En roulant la pâte, saupoudrer le zeste d'orange pour le faire pénétrer dans la pâte. Déposer la pâte dans l'assiette. À l'aide d'une fourchette, piquer l'abaisse sur toute sa surface. Réfrigérer pendant 30 minutes.

Tapisser l'abaisse refroidie de papier d'aluminium. Remplir l'abaisse de pois et cuire dans le tiers inférieur du four pendant 15 minutes. Retirer le papier d'aluminium et les pois et poursuivre la cuisson de 10 à 12 minutes. Retirer la croûte du four et réduire la chaleur à 180 °C (350 °F).

Au robot culinaire, mettre tous les ingrédients de la garniture, sauf la crème fouettée, et réduire en purée. Verser la garniture dans la croûte et cuire au four pendant 1 heure ou jusqu'à ce que la garniture ait pris sur le pourtour et soit légèrement gélatineuse au centre. Déposer sur une grille et laisser refroidir complètement.

Servir avec un peu de crème fouettée ou telle quelle.

Marmelade
à la citrouille

Donne 6 tasses (1,5 litre)

3 oranges

1 citron

1 pamplemousse

2 kg (env. 4 lb) de chair de citrouille

1,5 kg (7 1/2 tasses) de sucre

Prélever le zeste des oranges, du citron et du pamplemousse. Réserver.

Peler les fruits, hacher finement la chair de la citrouille à la main ou au robot. Hacher aussi la chair des oranges, du citron et du pamplemousse, en ayant soin d'épépiner les agrumes. Déposer dans un grand bol de verre ou de terre cuite, avec les zestes réservés.

Ajouter le sucre, mélanger un peu et laisser macérer 8 à 10 heures, à température ambiante.

Placer les fruits dans une casserole et cuire 20 minutes environ, à feu moyen, jusqu'à ce que les fruits soient translucides.

Verser immédiatement dans des bocaux chauds et stérilisés.

Galettes
à la citrouille

Donne 20 galettes

375 ml (1 1/2 tasse) de farine

250 ml (1 tasse) de flocons d'avoine

5 ml (1 c. à thé) de bicarbonate de sodium

1 ml (1/4 c. à thé) de sel

5 ml (1 c. à thé) de cannelle

1 œuf légèrement battu

180 ml (3/4 tasse) de purée de citrouille

125 ml (1/2 tasse) de cassonade

125 ml (1/2 tasse) de mélasse

160 ml (2/3 tasse) de crème sûre

60 ml (1/4 tasse) d'huile végétale

60 ml (1/4 tasse) de graines de citrouille sans la peau

Préchauffer le four à 180 °C (350 °F).

Mélanger la farine, les flocons d'avoine, le bicarbonate de sodium, le sel et la cannelle.

Dans un autre bol, mélanger l'œuf, la purée de citrouille, la cassonade, la mélasse, la crème sure et l'huile.

Ajouter les ingrédients secs aux ingrédients humides et mélanger à la cuillère de bois. Ajouter les graines de citrouille.

Déposer par cuillère sur une plaque à biscuits tapissée de papier parchemin.

Cuire 10 minutes au four.

Courge musquée
ou butternut (*Cucurbita moschata*)

Anglais : *Butternut squash*

Description : Sa chair est beaucoup plus tendre que celle des autres courges d'hiver avec un petit arrière-goût de beurre. Elle ressemble à une grosse poire; sa peau lisse est de couleur jaune crème, sa chair moelleuse et saumonée est plus ou moins sucrée.

Achat : La courge doit être d'un jaune pâle et la chair jaune orangé. Choisir une courge de forme régulière, sans taches ni piqûres d'insecte. Éviter la peau verdâtre, signe d'immaturité. Refuser toute courge présentant des parties molles, une peau ridée ou trop légère pour sa grosseur - cela signifie qu'elle a commencé à sécher à l'intérieur. Disponibilité au Québec : de septembre à la mi-novembre.

Conservation : Se conserve dans un endroit frais ou dans le panier à légumes du réfrigérateur. Selon l'endroit, elle peut se conserver de plusieurs semaines à six mois. Dans certains cas, le goût s'améliore avec le temps.

Préparation : On peut la cuire à la vapeur ou la griller, mais on peut aussi la manger crue, en salade ou en légume d'accompagnement, farcie, en rondelles ou en juliennes. Pour en rehausser la saveur, saupoudrer de cassonade.

Santé : Excellente source de bêta-carotène et de vitamines A et C.

En achetant des fruits et des légumes locaux, nous contribuons directement à la vitalité de l'économie rurale et à la création d'emplois.

Lasagne à la courge
et aux épinards

8 portions

1 grosse courge musquée (minimum de 1,5 kg/3 lb)

30 ml (2 c. à soupe) d'huile d'olive

2 ml (1/2 c. à thé) de sel

1 ml (1/4 c. à thé) de poivre

1 oignon haché finement

1 branche de céleri hachée finement

2 gousses d'ail hachées finement

1 boîte (796 ml/28 oz) de tomates coupées en dés

125 ml (1/2 tasse) de vin rouge sec

60 ml (1/4 tasse) de pâte de tomates

7 ml (1 1/2 c. à thé) d'origan séché

7 ml (1 1/2 c. à thé) de basilic séché

250 ml (1 tasse) d'eau

60 ml (1/4 tasse) de beurre

125 ml (1/2 tasse) de farine

750 ml (3 tasses) de lait

375 ml (1 1/2 tasse) de parmesan fraîchement râpé

2 ml (1/2 c. à thé) de muscade moulue

2 œufs battus légèrement

16 lasagnes précuites

2 paquets d'épinards frais (300 g/10 oz chacun)

750 ml (3 tasses) de mozzarella râpée

Préchauffer le four à 230 °C (450 °F)

Peler la courge et la couper en tranches d'environ 5 mm (1/4 po) d'épaisseur. Badigeonner d'huile chaque côté des tranches de courge et les déposer sur une plaque de cuisson tapissée de papier d'aluminium. Saler et poivrer.

Cuire au four pendant environ 30 minutes ou jusqu'à ce que la courge soit tendre et légèrement dorée. Laisser refroidir sur la plaque. Réduire la température du four à 190 °C (375 °F).

Entre-temps, faire revenir l'oignon, le céleri et l'ail quelques minutes ou jusqu'à ce que l'oignon ait ramolli. Ajouter les tomates, le vin rouge, la pâte de tomates, l'origan et le basilic. Réduire le feu et laisser mijoter, en brassant de temps à autre, pendant environ 30 minutes ou jusqu'à ce que la sauce ait épaissi. Ajouter l'eau). Mélanger et réserver.

Dans une casserole, faire fondre le beurre à feu moyen. À l'aide d'un fouet, ajouter la farine et cuire quelques minutes en brassant. Incorporer petit à petit le lait, en fouettant sans arrêt, jusqu'à ce que la sauce soit épaisse. Retirer la casserole du feu. Incorporer le parmesan et la muscade. Ajouter les œufs en fouettant. Réserver.

Laver les épinards et secouer pour enlever l'excédent d'eau. Dans une grande casserole, cuire les épinards (sans ajouter d'eau) à feu moyen vif pendant environ 5 minutes ou jusqu'à ce qu'ils aient ramolli. Égoutter les épinards dans une passoire en les pressant bien pour enlever tout le liquide. Hacher et saler. Réserver.

Étendre la moitié de la sauce tomate réservée dans le fond d'un plat en verre de 33 cm x 23 cm (13 po x 9 po) puis déposer une rangée de lasagnes. Couvrir de la moitié des tranches de courge et de la moitié de la sauce béchamel réservée. Parsemer du tiers de la mozzarella. Déposer une autre rangée de lasagnes. Couvrir des épinards réservés, du reste des tranches de courge et du reste de la sauce béchamel. Parsemer d'un autre tiers de la mozzarella. Déposer le reste des lasagnes et couvrir du reste de la sauce tomate. Parsemer du reste de la mozzarella.

Couvrir la lasagne de papier d'aluminium, sans serrer. Déposer la lasagne sur une plaque de cuisson et cuire au four pendant 30 minutes.

Retirer le papier d'aluminium et poursuivre la cuisson pendant environ 30 minutes ou jusqu'à ce que la lasagne soit bouillonnante et que le fromage soit légèrement doré.

Couscous à la courge musquée

aux tomates séchées et au fromage d'Oka

Entrée ou accompagnement pour 4 personnes

30 ml (2 c. à soupe) d'huile d'olive

5-6 champignons tranchés

200 g (1 tasse) de courge musquée, coupée en petits dés

250 ml (1 tasse) de semoule

2 oignons verts émincés

5 ml (1 c. à thé) de basilic séché

125 ml (1/2 tasse) de tomates séchées dans l'huile, hachées

250 ml (1 tasse) d'eau

125 ml (1/2 tasse) de fromage Oka râpé

Sel et poivre

Faire bouillir l'eau. Retirer du feu et ajouter la semoule. Couvrir et laisser gonfler.

Dans une poêle, faire chauffer l'huile et faire revenir les champignons, la courge et les tomates séchées, à feu moyen; ajouter l'oignon vert et le basilic et cuire jusqu'à ce que la courge soit tendre. Ajouter la semoule.

Ajouter le fromage, saler et poivrer. Se mange chaud ou froid en salade.

Muffins à la courge musquée
et aux pommes

Donne 12 muffins

310 ml (1 1/4 tasse) de farine tout usage

250 ml (1 tasse) de farine de blé

250 ml (1 tasse) de sucre

5 ml (1 c. à thé) de cannelle moulue

0,5 ml (1/8 c. à thé) de clou de girofle moulu

1 ml (1/4 c. à thé) de muscade

10 ml (2 c. à thé) de poudre à pâte

5 ml (1 c. à thé) de bicarbonate de sodium

2 ml (1/2 c. à thé) de sel

250 ml (1 tasse) de courge musquée cuite, écrasée ou réduite en purée

60 ml (1/4 tasse) de compote de pommes

1 œuf battu

125 ml (1/2 tasse) d'huile végétale

125 ml (1/2 tasse) de lait

250 ml (1 tasse) de pommes coupées en petits cubes

Préchauffer le four à 160 °C (325 °F).

Dans un grand bol, combiner les farines, le sucre, les épices, la poudre à pâte, le bicarbonate et le sel.

Dans un autre bol, combiner la courge en purée, la compote, l'œuf, l'huile et le lait. Bien mélanger.

Ajouter les ingrédients liquides aux ingrédients secs et mélanger seulement pour humecter.

Incorporer les pommes et verser la préparation dans des moules à muffins huilés ou tapissés de moules en papier.

Faire cuire au four de 16 à 20 minutes.

Faire refroidir sur une grille.

Courge Hubbard

(cucurbita maxima)
et Courge banane

Anglais : *Hubbard squash*

Description : De forme arrondie un peu en poire, sa peau dure et nervurée, bosselée, se présente dans différentes couleurs du vert foncé (5 kg/11 lb), au gris-bleu (6,5 kg/14 lb), au rouge orangé (moins de 5 kg/11 lb). Sa chair épaisse et sèche de couleur pâle est peu sucrée.

Achat : Refuser toute courge présentant des parties molles, une peau ridée ou trop légère pour sa grosseur - cela signifie qu'elle a commencé à sécher à l'intérieur. Disponibilité au Québec : septembre à mi-novembre.

Conservation : Six mois ou plus dans un endroit frais.

Préparation : La courge Hubbard est moins sucrée que la plupart des autres courges d'hiver mais se prête quand même aux potages, purées, gratins et soufflés. On peut la cuire à la vapeur ou la griller, mais on peut aussi la manger crue, en salade ou en légume d'accompagnement, farcie, en rondelles ou en juliennes.

Santé : Bonne source de vitamines A et C.

Frites
de courge

1 courge Hubbard

60 ml (4 c. à soupe) d'huile d'olive

Paprika

Sel

Préchauffer le four à 180 °C (350 °F).

Éplucher la courge et la couper en bâtonnets de 1 cm sur 10 cm (1/2 po sur 4 po). Placer les morceaux de courge dans un grand bol, arroser d'huile d'olive et bien enrober. Les étendre sur une seule rangée sur une plaque à biscuits.

Cuire pendant 30 à 45 minutes sur la grille du haut. Ensuite, placer le four à gril pour les faire griller pendant quelques minutes jusqu'à ce que les morceaux brunissent et deviennent croustillants. Saupoudrer de paprika et de sel et servir.

Gratin dauphinois
à la courge

Plat principal pour 4 personnes

1 moitié de courge Hubbard
(environ 1 litre/4 tasses de fines tranches de courge)
45 ml (3 c. à soupe) de beurre non salé
375 g (13 oz) de jambon tranché (polonais ou forêt noire)
120 g (4 oz) de fromage suisse Cogruet
de la fromagerie Côté à Warwick
30 ml (2 c. à soupe) de persil haché
180 ml (3/4 tasse) de lait
180 ml (3/4 tasse) de crème 15 %

Préchauffer le four à 190 °C (375 °F).

Retirer la peau de la courge et couper en fines tranches.

Dans un plat à gratin beurré, disposer successivement la moitié des tranches de courge, la moitié du jambon, la moitié du fromage et une cuillère à soupe de persil. Répéter.

Parsemer de noisettes de beurre. Poivrer.

Verser le lait et la crème de façon à mouiller le gratin à hauteur.

Couvrir d'une feuille d'aluminium. Placer au centre du four. Cuire environ 30 minutes. Retirer la feuille d'aluminium. Poursuivre à découvert 15 à 20 minutes, jusqu'à ce que le gratin soit doré et la courge tendre.

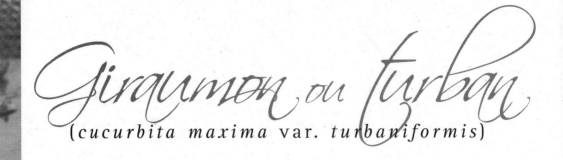

Giraumon ou turban
(cucurbita maxima var. turbaniformis)

Anglais : *Turban squash* ou *Turk's turban*

Description : Le giraumon le plus connu est de couleur orangé et vert, mais il existe aussi le giraumon galeux d'Eysines qui est plus gros, de teinte rosée. Cucurbitacée en forme de poire, peau verte veinée de blanc qui protège une chair excellente de couleur orangée. Son renflement en calotte lui a valu son nom de bonnet turc. Sa chair, farineuse et sucrée d'excellente qualité, a une légère saveur de noisette.

Achat : La courge mesure à maturité 15 à 20 cm (6 à 8 po) de diamètre et pèse environ 1,5 kg (3 lb). Disponibilité au Québec : septembre à mi-novembre.

Conservation : À la température ambiante, de trois à cinq mois.

Préparation : Le giraumon se décline partout en salade, en purée et dans les potages pour les rendre plus consistants. Couper en deux, épépiner, enlever les filaments et faire cuire quelques minutes au micro-ondes avant d'en retirer complètement la pelure et de le couper en morceaux. Cela facilite grandement la manipulation.

Santé : Bonne source de vitamines A et C.

Acheter, c'est voter. Chacun de nos choix a des répercussions sur d'autres personnes et sur l'environnement. Ainsi, chaque repas nous lie aux écosystèmes et à des milliers de personnes qui cultivent, récoltent, transforment, emballent, transportent et vendent notre nourriture.

Pâté au saumon
nouveau genre

Plat principal pour 4-6 personnes

1 giraumon d'environ 1 kg (2,2 lb)
2 oignons verts hachés
2 boîtes de saumon dans l'eau
15 ml (1 c. à soupe) de persil haché
15 ml (1 c. à soupe) d'aneth haché
2 ml (1/2 c. à thé) de sel
Poivre du moulin
2 rouleaux de pâte feuilletée ou l'équivalent fait maison
1 jaune d'œuf

Préchauffer le four à 180 °C (350 °F).

Couper la courge en deux, l'épépiner et la piquer à l'aide d'une fourchette. Placer la courge dans un plat allant au four, parties coupées vers le bas. Mettre un peu d'eau dans le fond du plat et faire cuire la courge environ 45 minutes. La courge doit être très tendre lorsqu'on la pique à la fourchette. Retirer du four. Augmenter la chaleur de ce dernier à 190 °C (375 °F).

Pendant ce temps, hacher les oignons et rouler la pâte pour tapisser le fond d'une assiette à tarte de 23 cm (9 po).

Lorsque la courge est cuite, l'évider avec une fourchette et mettre la chair dans un plat. Ajouter les deux boîtes de saumon avec leur jus, les oignons, les herbes, le sel et le poivre. Verser la préparation dans l'assiette à tarte.

Couvrir avec la seconde pâte bien sceller et badigeonner le tout d'un jaune d'œuf.

Cuire au four environ 30 minutes.

Potage à la courge turban
et aux pommes

Entrée pour 6 personnes

1 courge turban
30 ml (2 c. à soupe) d'huile d'olive
1 oignon pelé et coupé en morceaux
15 ml (1 c. à soupe) de curcuma
1 pincée de cannelle
4 carottes pelées et coupées en morceaux
2 pommes de terre moyennes pelées et coupées en morceaux
1 grosse pomme pelée et coupée en morceaux
1 litre (4 tasses) de bouillon de poulet
500 ml (2 tasses) de lait
10 ml (2 c. à thé) de sel
Poivre noir fraîchement moulu

Couper la courge turban en deux, retirer les pépins et les filaments à l'intérieur, déposer sur un papier essuie-tout dans le four à micro-ondes et cuire chaque moitié de 8 à 10 minutes à haute intensité.

Pendant ce temps, faire revenir l'oignon dans l'huile quelques minutes, puis ajouter le curcuma et la cannelle et poursuivre la cuisson une minute pour que l'oignon dégage son arôme.

Ajouter les carottes, les pommes de terre et la pomme, verser le bouillon de poulet, amener à ébulition à feu moyen-élevé.

Couper chaque moitié de courge turban passée au four à micro-ondes en quartiers, ce qui facilitera le retrait de la chair, que vous couperez en gros morceaux.

Ajouter les morceaux de courge au bouillon et laisser mijoter à couvert pendant 30-40 minutes, ou jusqu'à ce que les légumes soient bien tendres.

Passer le tout au robot culinaire (ajouter un peu de lait ou de bouillon si nécessaire), puis remettre dans la casserole et verser le lait par petite quantité jusqu'à l'obtention d'une belle texture de potage (il est possible qu'il vous en faille plus, selon la grosseur de la courge), puis ajouter le sel et le poivre.

Réchauffer à feu moyen-doux en brassant constamment, ne pas porter à ébullition et servir.

Le programme « Aliments du Québec » permet aux consommateurs de distinguer les produits qui proviennent vraiment du Québec. On trouve le logo du Programme dans les épiceries, affiché sur des étalages ou directement sur des emballages.

Courge buttercup
(cucurbita maxima)

Anglais : *Buttercup squash*

Description : Ronde avec les extrémités aplaties, une peau lisse vert foncé peu épaisse, un pédoncule très gros et une chair orangée, sucrée et sèche. Variété très appréciée.

Achat : La courge pèse environ de 1 à 1,5 kg (2 à 3 lb). Disponibilité au Québec : septembre à mi-novembre.

Conservation : Trois à quatre mois.

Préparation : Se prépare de la même façon que les autres types de courge (voir page 20).

Santé : Bonne source de vitamines A et C.

Pain
courgé

Pour un pain

375 ml (1 1/2 tasse) de farine

5 ml (1 c. à thé) de bicarbonate de sodium

2 ml (1/2 c. à thé) de cannelle

2 ml (1/2 c. à thé) de gingembre

2 ml (1/2 c. à thé) de muscade

2 ml (1/2 c. à thé) de clou de girofle

1 ml (1/4 c. à thé) de sel

250 ml (1 tasse) de cassonade

2 gros œufs

250 ml (1 tasse) de purée de courge buttercup

60 ml (1/4 tasse) d'huile végétale

60 ml (1/4 tasse) de compote de pommes

125 ml (1/2 tasse) de noix de pacanes en morceaux

Préchauffer le four à 180 ºC (350 °F).

Beurrer un moule à pain régulier de 22 x 12 x 7 cm et saupoudrer de farine. Dans un bol, mélanger la farine, le bicarbonate de sodium, les épices et le sel.

Dans un autre bol, mélanger la cassonade, les œufs, la purée, l'huile et la compote. Ajouter ce mélange aux ingrédients secs et mélanger pour humecter. Ajouter les pacanes.

Mettre la préparation dans le moule à pain et cuire environ une heure. Démouler sur une grille et laisser refroidir complètement.

Poulet
et courge épicés

Plat principal pour 4 personnes

15 ml (1 c. à soupe) d'huile d'olive

1 oignon en fines rondelles

2 gousses d'ail émincées

4 poitrines de poulet désossées et coupées en morceaux

2 ml (1/2 c. à thé) de curcuma

2 ml (1/2 c. à thé) de coriandre

2 ml (1/2 c. à thé) de gingembre

2 ml (1/2 c. à thé) de cumin

375 ml (1 1/2 tasse) de lait de coco

250 ml (1 tasse) de bouillon de poulet

2 courges buttercup pelées et coupées en morceaux

Sel et poivre

Coriandre fraîche

Faire revenir l'oignon et l'ail dans l'huile à feu moyen-fort jusqu'à ce que l'oignon soit translucide.

Ajouter le poulet et les épices. Faire cuire 5-6 minutes en remuant.

Incorporer le lait de coco, le bouillon et les morceaux de courge. Mélanger le tout et couvrir. Faire mijoter 20 à 25 minutes ou jusqu'à ce que le poulet soit cuit.

Servir sur un riz basmati et décorer de coriandre fraîche.

Courgeron

ou courge poivrée (*cucurbita pepo*)

Anglais : *Acorn*

Description : Globulaire, nervuré, en forme de gland, une peau lisse et dure, vert foncé avec des teintes orangées s'il a été récolté à maturité. Sa chair est fine, peu fibreuse, de couleur jaune orangé, avec un arrière-goût d'amande et de noix. On trouve aussi sur le marché le *table gold* de même forme mais de couleur orangée, le *cream of the crop* de couleur crème et le *sweet dumpling* de couleur blanche et verte.

Achat : Variété bien appréciée. Cette courge est meilleure lorsqu'elle mesure une douzaine de centimètres (environ 5 po) de haut et de 15 à 20 cm (6 à 8 po) de diamètre. Toujours acheter des courges à la peau sans blessures ni taches si on veut les garder plus longtemps. Disponibilité au Québec : septembre à mi-novembre.

Conservation : De trois à six mois dans un endroit sec et bien aéré.

Préparation : On peut la faire bouillir, la cuire à la vapeur ou au four. Compte tenu de sa forme, elle fait un légume d'accompagnement très original dans l'assiette. Sans la peler, couper la courge en tranches sur la largeur de manière à former des étoiles, placer les tranches sur une plaque à biscuits et les badigeonner d'huile d'olive. Saler et poivrer. Faire rôtir au four à 230 °C (450 °F) pendant environ 30 minutes. Elles épateront par leur originalité !

Santé : Bonne source de vitamines A et C.

Le kilométrage alimentaire, c'est le calcul du nombre de kilomètres que les aliments que nous achetons parcourent à partir du champ jusqu'à notre assiette. Par exemple, une laitue provenant de la région de Granby parcourt 55 km pour aller à Montréal tandis que la même laitue provenant de la Californie parcourt 5 000 km.

Couscous poulet
et courge

Plat principal pour 6 portions

45 ml (3 c. à soupe) d'huile

8 morceaux de poulet avec la peau (poitrines, hauts de cuisse, pilons)

2 oignons en rondelles

1 boîte (540 ml/19 oz) de tomates en dés

60 ml (1/4 tasse) de persil frais haché

7 ml (1 1/2 c. à thé) de gingembre moulu

7 ml (1 1/2 c. à thé) de poivre noir moulu

5 ml (1 c. à thé) de turmeric moulu (curcuma)

1/2 bâton de cannelle

1 ml (1/4 c. à thé) de poivre de Cayenne

0,5 ml (1/8 c. à thé) de fils de safran, écrasés

1 litre (4 tasses) de bouillon de poulet

1 rutabaga pelé et coupé en quartiers

4 grosses carottes pelées et coupées en morceaux.

1 courge poivrée, pelée, graines retirées et coupée en morceaux.

3 courgettes en rondelles épaisses

540 ml (1 boîte) de pois chiches, rincés et égouttés

125 ml (1/2 tasse) de raisins de Corinthe

500 ml (2 tasses) d'eau

22 ml (1 1/2 c. à soupe) de beurre

7 ml (1 1/2 c. à thé) de sel

500 ml (2 tasses) de semoule

Faire revenir les morceaux de poulet dans l'huile pour les dorer de chaque côté.

Ajouter les oignons, les tomates et les 7 ingrédients suivants (jusqu'au safran) et mélanger pendant 30 secondes.

Ajouter le bouillon, le rutabaga et les carottes. Couvrir et mijoter 45 minutes.

Ajouter ensuite la courge, les courgettes, les pois chiches égouttés et les raisins.

Couvrir et laisser mijoter jusqu'à ce que les légumes soient tendres (environ 15 minutes).

Entre-temps, faire bouillir l'eau, le beurre et le sel. Retirer du feu et ajouter la semoule, puis couvrir. Laisser gonfler environ 10 minutes.

Servir le poulet en sauce sur un nid de semoule.

Note : Ce plat se prépare aussi à la mijoteuse. Placer alors les oignons dans le fond du plat de cuisson et tous les autres ingrédients sauf la semoule, l'eau et le beurre, par-dessus. Diminuer la quantité de bouillon de moitié et cuire lentement pendant 8 à 10 heures. Servir avec la semoule.

Hachis

de courge poivrée

Plat principal pour 4 portions

2 courges poivrées

30 ml (2 c. à soupe) d'huile végétale

1 oignon haché

2 branches de céleri hachées

2 carottes en petits cubes

700 g (1 1/2 lb) de poulet en petits cubes

5 ml (1 c. à thé) de farine

5 ml (1 c. à thé) d'assaisonnement chili

7 ml (1 1/2 c. à thé) de thym

5 ml (1 c. à thé) de sel

125 ml (1/2 tasse) de bouillon de poulet

45 ml (3 c. à soupe) de sauce chili

5 ml (1 c. à thé) de sauce Worcestershire

500 ml (1 tasse) de maïs en grains

30 ml (2 c. à soupe) de persil frais haché

Préchauffer le four à 180 °C (350 °F).

Peler les courges et en retirer les graines et les filaments. Couper les courges en morceaux et les faire cuire à la vapeur environ 10 minutes jusqu'à ce qu'elles soient tendres.

Au robot culinaire, transformer les courges en purée lisse. Réserver.

Faire chauffer l'huile et faire revenir l'oignon, le céleri et les carottes jusqu'à ce qu'ils ramollissent.

Ajouter le poulet, la farine, l'assaisonnement chili, le thym et le sel et cuire quelques minutes.

Ajouter le bouillon, la sauce chili et la sauce Worcestershire. Mélanger et porter à ébullition. Baisser le feu et laisser mijoter 5 minutes.

Ajouter le maïs et le persil.

Mettre la préparation dans un plat allant au four.

Étendre la purée de courge dessus et cuire au four pendant 20 minutes.

Servir.

Courge spaghetti
(Cucurbita maxima)

Anglais : *Spaghetti squash*

Histoire : Native de Mandchourie, son histoire reste nébuleuse. Certains racontent qu'elle serait originaire d'Amérique du Nord et d'Amérique centrale.

Description : Fruit oblong d'un jaune blanchâtre, pourvu d'une chair constituée de longues fibres très digestes et légères. Sa chair ressemble à du spaghetti lorsqu'on la sépare avec une fourchette après la cuisson. Sa saveur est comparable à celle de la courge d'été. On trouve aussi dans la même variété l'oranghetti et la strippetti.

Achat : Choisir une courge dure, intacte, exempte de meurtrissures et non colorée de vert mais plutôt d'un jaune clair. Disponibilité au Québec : de septembre à mi-novembre.

Conservation : La courge spaghetti se conserve à l'abri du froid, de la chaleur et de la lumière. Elle peut se conserver jusqu'à trois mois si elle est gardée dans les bonnes conditions (entre 10 et 15 °C/50 °F et 60 °F). Réfrigérer la courge lorsqu'elle est coupée ou cuite.

Préparation : Couper la courge spaghetti en deux, l'épépiner, l'envelopper de papier d'aluminium et la mettre au four de 30 à 45 minutes. Lorsqu'elle est tendre, effilocher la chair de la courge en longs spaghettis à l'aide d'une fourchette. On peut aussi la faire cuire au four à micro-ondes, coupée en deux, sans les graines dans une assiette, la cavité sur le dessus et recouverte d'une pellicule plastique. Cuire à intensité maximale de 6 à 8 minutes ou jusqu'à ce que la chair se sépare facilement. Cuite et refroidie, on la met dans les salades, on l'arrose de vinaigrette ou on la nappe de n'importe quelle sauce, comme les pâtes.

Santé : Contient du potassium, de la vitamine C et de l'acide pantothénique.

Courge spaghetti
au citron

Accompagnement pour 4 personnes

1 courge spaghetti

Le zeste de 2 citrons

60 ml (4 c. à soupe) de jus de citron

250 ml (1 tasse) de parmesan

30 ml (2 c. à soupe) d'huile d'olive

5 ml (1 c. à thé) de sel

Poivre fraîchement moulu

Préchauffer le four à 190 °C (375 °F).

Cuire la courge au four pendant 40 minutes (ou coupée en deux, épépinée, chaque moitié recouverte d'une pellicule plastique, au four à micro-ondes pendant 10 minutes). Avec une fourchette, tracer des traits dans la courge pour voir apparaître un court spaghetti végétal. Réserver les coquilles.

Râper le fromage et relever le zeste et le jus des citrons.

Placer les spaghettis dans un grand bol, ajouter le fromage, le zeste, le jus de citron et l'huile d'olive et, à l'aide de deux cuillères de bois, soulever le spaghetti pour bien mélanger tous les ingrédients. Poivrer.

Replacer dans les coquilles, saupoudrer d'un peu de fromage et placer sous le gril quelques minutes.

Spaghetti tendre
carbonara

Accompagnement pour 4 personnes

1 courge spaghetti

500 ml (2 tasses) de fleurons de brocoli

6 tranches de bacon

3 œufs

125 ml (1/2 tasse) de parmesan râpé

Poivre du moulin

15 ml (1 c. à soupe) de persil haché

125 ml (1/2 tasse) de crème 15 % (facultatif)

Couper la courge en deux et retirer les graines. La piquer à la fourchette. Déposer dans un plat, côté coupé dessous. Verser un peu d'eau dans le plat et couvrir d'une pellicule plastique. Cuire au four à micro-ondes environ 10 minutes, à puissance maximale.

Ajouter le brocoli et poursuivre la cuisson 4 minutes, jusqu'à ce que la chair de la courge se défasse facilement à la fourchette. Effilocher la chair de la courge en longs spaghettis. Réserver.

Cuire à feu vif jusqu'à ce qu'il soit croustillant. Émietter et ajouter le bacon au spaghetti avec le gras. Mélanger.

Battre les œufs et le fromage (en conserver pour la garniture) ensemble et ajouter au plat hors du feu. Poivrer généreusement. Mélanger rapidement pour bien enrober.

Saupoudrer de persil et de parmesan râpé. Ajouter un peu de crème fraîche si désiré.

Rouge vif d'Étampes

appelé aussi potiron
(*Cucurbita maxima*)

Anglais : Rouge vif d'Étampes *pumpkin*

Description : Le potiron rouge vif d'Étampes, que l'on pourrait appeler la citrouille d'Europe, présente un pédoncule tendre, spongieux, cylindrique et évasé au point d'attache. On le trouve le plus souvent de couleur orange foncé. Sa chair est orangée, jaune ou verte.

Achat : Le produit doit être sans blessures, propre, sans trace de terre. Disponibilité au Québec : septembre à mi-novembre.

Conservation : À la température ambiante, six à dix mois.

Préparation : Comme la citrouille, il entre dans la préparation des soupes et des desserts; on en fait aussi des confitures.

Santé : Peu de calories mais haute teneur en fibres. Riche en vitamines A, B, C (plus la courge est orangée, plus elle contient de la vitamine A) et en sels minéraux : calcium, fer, potassium.

La mention « Produit du Canada » ne signifie pas nécessairement que le produit a été cultivé au Canada. Selon les normes d'Agriculture et Agroalimentaire Canada, pour qu'un aliment porte la mention « Produit du Canada », il faut qu'au moins 51 % du total des coûts directs de production ou de fabrication aient été dépensés au Canada. L'origine exacte du produit n'a donc pas besoin d'être indiquée si la majorité des coûts ont été déboursés au Canada (transformation, emballage, distribution).

Fusillis aux crevettes
et à la courge

Plat principal pour 4 personnes

60 ml (4 c. à soupe) d'huile d'olive

450 g (environ 4 tasses) de courge rouge vif d'Étampes,
pelée et coupée en cubes d'environ 2,5 cm (1 po)

2 gousses d'ail émincées

5 ml (1 c. à thé) de sel

Poivre du moulin

250 ml (1 tasse) de bouillon de légumes

400 g (environ 4 tasses) de fusillis

45 ml (3 c. à soupe) d'huile d'olive

450 g (1 lb) de crevettes déveinées et décortiquées, crues

2 ml (1/2 c. à thé) de sel

125 ml (1/2 tasse) de lait

60 ml (1/4 tasse) de parmesan râpé

125 ml (1/2 tasse) de basilic frais émincé

Faire sauter la courge et l'ail dans l'huile à feu moyen-haut.
Saler et poivrer. Cuire environ 5 minutes. Ajouter le bouillon,
porter à ébullition. Couvrir et réduire le feu. Cuire jusqu'à ce
que la courge soit tendre, environ 8-10 minutes. Passer la courge
au robot pour en faire une purée lisse.

Faire cuire les pâtes dans l'eau bouillante salée selon les indications du fabriquant. Égoutter et réserver.

En même temps, faire sauter les crevettes dans une poêle avec
l'huile d'olive, juste assez pour les roser de chaque côté. Saler
et poivrer.

Sur feu doux, combiner les pâtes et la purée de courge. Ajouter
le lait, le fromage et le basilic et mélanger. Dresser les assiettes.
Déposer les crevettes sur le dessus de chacune des assiettes et
servir.

Potage de courge
à l'orange

Entrée pour 6 à 8 personnes

30 ml (2 c. à soupe) d'huile d'olive

1 blanc de poireau haché

200 g (1 1/2 tasse) de courge coupée en morceaux

4 carottes (375 ml/1 1/2 tasse) de carottes coupées en morceaux

5 ml (1 c. à thé) de gingembre frais râpé

750 ml (3 tasses) de bouillon de poulet

Le jus de 2 oranges

5 ml (1 c. à thé) de zeste d'orange

2 ml (1/2 c. à thé) de muscade râpée

80 ml (1/3 tasse) de crème 15 %

5 ml (1 c. à thé) de sel

Poivre du moulin

Dans une casserole, blondir le poireau dans l'huile d'olive. Ajouter la courge, les carottes et le gingembre. Cuire pendant 3 minutes. Ajouter le bouillon; porter à ébullition et laisser mijoter pendant 20 minutes ou jusqu'à ce que les légumes soient tendres. Ajouter le jus d'orange et le zeste.

Réduire en purée au robot, saler et poivrer. Remettre le potage dans la casserole et ajouter la crème et la muscade. Réchauffer à feu doux.

Décorer de muscade râpée et servir.

Potimarron ou ambercup
(Cucurbita maxima)

Appelé aussi potiron doux d'Hokkaido.

Anglais : *Ambercup*

Description : Sa couleur et sa forme sont très variables, mais on le trouve surtout de couleur orangée et de la forme de la buttercup.

Achat : De 2 à 3 kg (4 1/2 à 6 1/2 lb). L'épiderme est généralement de couleur rouge vif à rose; par mutation, il peut aussi être vert ou bronze. Disponibilité au Québec : septembre à mi-novembre.

Conservation : Cinq à six mois. Plus on attend avant de le consommer, plus ses teneurs en vitamines et en sucre augmentent.

Préparation : Utiliser dans les potages, les tartes, les purées, les gratins et les soufflés.

Santé : Riche en vitamines, surtout en provitamine A et en oligo-éléments. Aussi riche en sels minéraux, en acides aminés, en acides gras, en amidon, en sucres naturels et en carotène.

Pouding chômeur
au potimarron

Accompagnement pour 4 portions

375 ml (1 1/2 tasse) de cassonade

375 ml (1 1/2 tasse) d'eau

30 ml (2 c. à soupe) de beurre

330 ml (1 1/3 tasse) de farine

180 ml (3/4 tasse) de sucre

5 ml (1 c. à thé) de poudre à pâte

2 ml (1/2 c. à thé) de sel

80 ml (1/3 tasse) de beurre froid

250 ml (1 tasse) de potimarron (*ambercup*) râpé

1 œuf légèrement battu

180 ml (3/4 tasse) de lait

Préchauffer le four à 180 °C (350 °F).

Faire bouillir les 3 premiers ingrédients à feu moyen pendant 2-3 minutes. Mettre de côté.

Mélanger la farine, le sucre, la poudre à pâte et le sel. À l'aide de deux couteaux, ou d'un coupe-pâte, couper le beurre dans la farine pour obtenir une substance granuleuse. Ajouter la courge râpée.

Faire un puits au centre et verser l'œuf et le lait. Mélanger pour humecter. Verser dans un plat carré. Lentement, ajouter le sirop de cassonade.

Cuire de 40 à 45 minutes.

Confiture de potimarron
et de canneberges

Quantité : 800 ml (env. 3 1/4 tasses)

450 g (1 lb) de chair de *ambercup* pour 250 ml (1 tasse) d'eau environ

500 g (2 1/2 tasses) de sucre

15 ml (1 c. à soupe) de vanille

300 g (1 1/2 tasse) de canneberges fraîches ou séchées

1 bâton de cannelle par potimarron

Peler la courge et en retirer les graines; couper en dés. Faire cuire dans l'eau à petits bouillons environ 10-15 minutes. La chair doit se défaire.

Passer au mélangeur pour obtenir une belle purée homogène relativement liquide.

Ajouter le sucre, les canneberges et la vanille. Faire cuire à feu doux environ 20 minutes en remuant souvent avec une cuillère de bois.

Mettre en pot avec un bâton de cannelle.

Note : Si vous utilisez des canneberges séchées, les faire tremper 24 heures pour les faire gonfler. Utilisez alors l'eau de trempage pour cuire votre potimarron et réduisez le sucre d'une demi-tasse.

Graines
de courge

Les graines de courge sont un aliment intéressant au point de vue nutritionnel. Elles contiennent passablement de zinc et de sélénium. Les graines et les germes contiennent beaucoup de vitamine E, symbole de la fécondité, mais aussi de la vitamine A et du fer. Les graines peuvent être consommées crues ou grillées. Crues, elles doivent être écalées. On les trouve en vrac et dans les magasins d'aliments naturels. Les graines grillées se préparent facilement. Les graines nature ou grillées sont bien appréciées dans les muffins, biscuits, salades ou céréales.

Préparation des graines grillées :

Retirer toutes les graines contenues dans la cavité de la courge ainsi que les filaments visqueux qui les enrobent; jeter les filaments, bien assécher les graines à l'aide d'un papier absorbant. Ne pas les rincer.

Étendre les graines sur une plaque à biscuits et les laisser sécher à l'air libre quelques heures ou toute la nuit.

Mettre au four à 180 °C (350 °F) jusqu'à ce qu'elles soient bien dorées, environ 10 à 15 minutes. Au sortir du four, les saler ou les épicer, au goût.

Une fois grillées, les graines se gardent dans un contenant hermétique plusieurs jours.

> En achetant des légumes qui proviennent de fermes locales, nous contribuons à la réduction de la pollution de l'air puisque la distance parcourue par ces légumes est nettement moindre que s'ils provenaient d'ailleurs.

Graines de courge
à l'érable

Graines d'une courge

15 ml (1 c. à soupe) de beurre

15 ml (1 c. à soupe) de sucre d'érable

Retirer toutes les graines contenues dans la cavité de la courge ainsi que les filaments visqueux qui les enrobent; jeter les filaments. Ne pas rincer les graines.

Faire fondre le beurre dans une poêle à feu moyen.

Ajouter les graines et les faire griller 2 à 3 minutes en brassant.

Ajouter le sucre d'érable et cuire jusqu'à ce que les graines soient brunies et caramélisées.

Retirer de la poêle et laisser refroidir.

Pesto d'Halloween

1 gousse d'ail
125 ml (1/2 tasse) de graines de courge grillées
125 ml (1/2 tasse) de parmesan
125 ml (1/2 tasse) de feuilles de basilic lavées et asséchées
125 ml (1/2 tasse) de feuilles de persil italien lavées et asséchées
180 ml (3/4 tasse) d'huile d'olive

Placer tous les ingrédients dans le robot et mélanger jusqu'à ce que le pesto soit de belle consistance fine.

Servir sur un croûton avec un morceau de fromage ou sur des pâtes.

À la fin des années 90, une étude réalisée par le Bureau de la statistique du Québec révélait que si toutes les semaines chaque famille québécoise remplaçait 20 $ d'achat de biens provenant de l'extérieur par la même valeur en produits québécois, plus de 100 000 emplois pourraient être créés ici.

Huile
de courge

Description : L'huile de courge est une huile verdâtre plus épaisse que les autres huiles connues, avec un arôme de noix. On peut très bien la couper avec de l'huile d'olive pour lui donner une consistance plus liquide. Pour un litre (4 tasses), il faut environ 2,5 kg (5 1/2 lb) de graines sèches, c'est-à-dire les graines d'environ 20 à 30 courges.

Achat : On trouve l'huile de courge dans les magasins d'aliments naturels et dans les épiceries fines. Pour l'instant, c'est un produit importé d'Europe.

Conservation : À l'abri de la lumière et au frais, elle se conserve jusqu'à neuf mois.

Préparation : On l'utilise surtout pour les vinaigrettes ou sur les légumes ou pommes de terre.

Santé : L'huile se compose en grande partie d'acides gras poly-insaturés. L'huile de courge peut être utilisée comme fortifiant naturel en cas de faiblesse des reins et de la vessie. L'huile de graines de courge est riche en vitamine A sous forme de bêta-carotène, et en vitamines B1, B2, C, D et E. Elle est une source précieuse de zinc, de cuivre, de fer, de manganèse et de potassium.

Légumes-racines

Céleri-rave (*Apium graveolens* var. *rapaceum*)

Céleri-rave en purée
Chips de céleri-rave
Rémoulade de céleri-rave

Panais (*Pastinaca sativa*)

Panais au cari et au basilic
Potage de légumes-racines
Galettes de panais, pommes de terre et patate douce

Rutabaga ou chou de Siam (*Brassica napus* var. *napobrassica*)

Gratin de rutabaga et de pommes
Crème de rutabaga au sirop d'érable

Navet ou rabiole (*brassica rapa*)

Légumes glacés aux pommes
Potage de carottes et de rabioles

Salsifis (*Tragopogon porrifolius*)

Mousse de salsifis
Pennettes au salsifis

Légumes-racines : Peut-être croyez-vous, en regardant les différentes variétés de légumes-racines présentées sur les étalages, qu'il s'agit de légumes importés ou pire encore, de produits transgéniques ! Détrompez-vous, tous ces légumes d'allure plutôt morne pour la plupart sont souvent des légumes qui refont surface après une longue absence et qui poussent bel et bien au Québec. Vous êtes habitués à la carotte et aux pommes de terre, laissez-vous tenter par le panais et le topinambour pour faire changement !

Céleri-rave

(*Apium graveolens* var. *rapaceum*)

Anglais : *Celeriac*

Histoire : Originaire du bassin méditerranéen.

Description : Racine de forme irrégulière à la peau rugueuse. Le céleri-rave a peu de feuillage et une racine volumineuse. Sa chair blanc crème a un goût de céleri et la texture de la pomme de terre. Il peut peser jusqu'à 1 kg (env. 2 lb). La récolte débute en août.

Achat : Rechercher un céleri-rave lourd n'ayant pas plus de 12 cm (5 po) de diamètre ou ne pesant pas plus de 500 g (un peu plus de 1 lb), car il sera alors trop fibreux. Disponibilité au Québec : août à mars.

Conservation : Se conserve très bien à la cave, au sec et à l'abri de la lumière : il garde ainsi longtemps sa qualité.

Préparation : Peler et manger cru dans les salades ou cuire comme une pomme de terre.

Santé : Le céleri-rave est pauvre en vitamine C, mais il contient de nombreux oligo-éléments (brome, cuivre, fer, iode, manganèse, magnésium, zinc), des glucides et une grande quantité de cellulose. Il est pauvre en protéines et en graisses. C'est un légume de bonne valeur nutritionnelle et énergétique, aux vertus médicinales importantes.

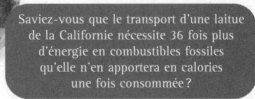

Saviez-vous que le transport d'une laitue de la Californie nécessite 36 fois plus d'énergie en combustibles fossiles qu'elle n'en apportera en calories une fois consommée ?

Céleri-rave
en purée

Accompagnement pour 4 portions

1 pomme de terre coupée en cubes
1 céleri-rave coupé en cubes (environ 500 ml/2 tasses)
Sel et poivre
60 ml (2 c. à soupe) de beurre
125 ml (1/2 tasse) de lait

Peler la pomme de terre et le céleri-rave. Couper en gros cubes.

Remplir une grande casserole d'eau, ajouter du sel et y faire bouillir les légumes pendant 10 à 12 minutes. Égoutter complètement les légumes.

Les réduire en purée au pilon, au mélangeur électrique. Ajouter le beurre, le lait, le sel et le poivre, puis mélanger tous les ingrédients jusqu'à ce que la purée soit de consistance lisse.

Chips
de céleri-rave

Amuse-gueule pour 4 personnes

1 gros céleri-rave, pelé
Huile végétale
Sel, au goût

Couper le céleri-rave en fines tranches.

Couvrir généreusement le fond d'une casserole d'huile végétale. Mettre à chauffer l'huile à feu moyen-fort.

Lorsque l'huile est assez chaude, déposer les tranches de céleri-rave pour les faire dorer quelques secondes de chaque côté. Le temps de cuisson varie selon la température de l'huile.

Retirer les chips et saler. Réserver sur du papier absorbant.

Rémoulade
de céleri-rave

Pour 6 personnes

500 ml (2 tasses) de céleri-rave, pelé et râpé grossièrement

30 ml (2 c. à soupe) de mayonnaise

15 ml (1 c. à soupe) de moutarde de Dijon

15 ml (1 c. à soupe) de vinaigre de vin

15 ml (1 c. à soupe) de ciboulette

Sel et poivre

Mélanger le céleri-rave aussitôt râpé à la mayonnaise pour éviter qu'il ne noircisse.

Ajouter la moutarde de Dijon et le vinaigre de vin. Bien mélanger.

Saler, poivrer.

Réfrigérer au minimum une heure avant de servir.

Panais

(*Pastinaca sativa*)

Anglais : *Parsnip*

Histoire : Ce légume, originaire d'Eurasie, fut très apprécié des Latins mais fut, au IXe siècle, supplanté par la carotte.

Description : La racine charnue, blanc jaunâtre, est douce, sucrée et aromatique. Mesure entre 18 et 30 cm (7 et 12 po) de long.

Achat : Noircit au contact de l'air. Les petits sont plus tendres. On le trouve dans les épiceries depuis la fin d'août jusqu'à l'hiver.

Conservation : Comme la carotte, se garde au frigo jusqu'à trois semaines.

Préparation : Se consomme cru et râpé en salade, cuit en soupe, purée, tarte ou macédoine, ou frit comme les pommes de terre frites. Requiert le même temps de cuisson que la carotte.

Santé : Composé d'eau et de sucres, d'une huile essentielle, de protéines, de vitamine C, d'acide folique et de potassium.

Panais

au cari et au basilic

Accompagnement pour 4 personnes (500 ml/2 tasses)

375 ml (1 1/2 tasse) de bouillon de poulet

2 ml (1/2 c. à thé) de cari

10 panais ou assez pour faire 500 ml (2 tasses) de panais coupé en petits cubes

Sel et poivre

10 ml (2 c. à thé) de basilic frais, émincé ou 5 ml (1 c. à thé) de basilic séché

Dans une casserole, verser le bouillon de poulet et le cari; amener à ébullition. Faire cuire le panais 6 minutes. Égoutter.

Verser le panais dans un grand bol. Saler, poivrer. Saupoudrer de basilic. Servir.

Potage

de légumes-racines

Pour 6 personnes

3 carottes coupées en morceaux

1 pomme de terre coupée en morceaux

3 panais coupés en morceaux

1 navet coupé en morceaux

1 poireau coupé en morceaux

60 ml (4 c. à soupe) d'huile de tournesol

1,5 litre (6 tasses) d'eau

1 morceau de gingembre frais râpé

310 ml (1 1/4 tasse) de lait

30 ml (2 c. à soupe) d'aneth frais haché

15 ml (1 c. à soupe) de jus de citron

Sel, poivre noir fraîchement moulu

Brins d'aneth pour la garniture

Faire revenir doucement les légumes dans l'huile quelques minutes dans une casserole.

Verser l'eau, porter à ébullition, saler et poivrer. Couvrir et laisser mijoter 20 minutes, jusqu'à ce que les légumes soient tendres.

Égoutter les légumes et réserver l'eau de cuisson. Passer les légumes et le gingembre au mélangeur, puis remettre la purée obtenue dans la casserole. Ajouter le lait et réchauffer doucement en remuant. Ajouter un peu d'eau de cuisson si la soupe est trop épaisse.

Hors du feu, incorporer l'aneth et le jus de citron. Saler et poivrer. Réchauffer la soupe sans la faire bouillir.

Galettes de panais,

pommes de terre et patate douce

Accompagnement pour 4 personnes

1/2 patate douce

2 pommes de terre

4 panais

15 ml (1 c. à soupe) de persil frais haché

15 ml (1 c. à soupe) de romarin frais haché

15 ml (1 c. à soupe) de miel

1 œuf

30 ml (2 c. à soupe) de beurre

Préchauffer le four à 150 °C (300 °F)

Râper les légumes et les placer dans un bol. Ajouter l'œuf, les herbes et le miel. Mélanger.

Confectionner des galettes avec les mains, en pressant bien pour retirer l'excédent de liquide.

Faire chauffer le beurre dans une grande poêle. Déposer délicatement les galettes et saisir environ 3 minutes de chaque côté. Glisser au four pour tenir au chaud avant de servir.

Moussaka végétarienne
Page 15

Courgettes farcies
Page 22

Galettes à la citrouille
Page 40

Pâtissons frits

TAGINE
Traditional Ceramics

Couscous à la courge musquée
aux tomates séchées et au fromage d'Oka

Page 44

Gratin dauphinois à la courge

Poulet et courge épicés
Page 54

Fusillis aux crevettes et à la courge
Page 63

Pouding chômeur au potimarron
Page 66

Galettes de panais, pommes de terre et patate douce

Crème de rutabaga au sirop d'érable
Page 99

Pommes de terre bleues garnies
Page 115

Velouté de topinambours
au crouton de chèvre

Salade de pissenlit

Mini-omelettes de bette à cardes
Page 138

Gâteau renversé
à la rhubarbe

Page 147

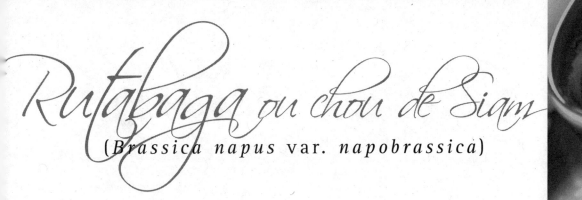

Rutabaga ou chou de Siam
(*Brassica napus* var. *napobrassica*)

Appelé aussi Chou-navet

Anglais : *Swedish turnip* ou rutabaga

Histoire : Le rutabaga est un des légumes les plus anciens de l'hémisphère nord. Avant même l'introduction de la pomme de terre, ce légume occupait une place importante chez les Européens. Mais avec la Deuxième Guerre mondiale, il devint synonyme de restrictions et fut boudé après la guerre, comme plusieurs autres légumes d'ailleurs. Le rutabaga vient du nom suédois rottabaggar, qui signifie chou-navet, d'où son nom.

Description : Pourvu de grandes feuilles à la surface lisse et d'une tige rougeâtre, le rutabaga a une saveur sucrée, un peu piquante. La racine est jaune, de forme ronde. Le rutabaga se distingue du navet (*Brassica rapa*) par un collet situé au sommet de la racine. Le rutabaga est généralement plus gros que le navet (rabiole).

Achat : Choisir un rutabaga ferme et lourd mais pas trop volumineux. Disponibilité au Québec : toute l'année.

Conservation : Garder au réfrigérateur, sans laver, jusqu'à trois semaines. Peut aussi être conservé à la température de la pièce jusqu'à une semaine.

Préparation : Enlever la pelure et couper en morceaux. La plupart du temps, il est bouilli mais vous pouvez le faire cuire au four dans une cocotte avec votre rôti.

Santé : Sa chair renferme des glucides, des protéines, des vitamines B et C et une petite quantité de substances soufrées, les sénévols, qui lui donne sa saveur légèrement piquante.

Gratin de rutabaga
et de pommes

Accompagnement pour 6 personnes

1 rutabaga pelé, coupé en deux sur la longueur,
puis en quartiers et en tranches fines
125 ml (1/2 tasse) de lait
3 ou 4 pommes pelées et coupées en tranches
2 ml (1/2 c. à thé) de sel
1 pincée de poivre
1 pincée d'estragon séché
2 tranches de pain complet, émiettées grossièrement
15 ml (1 c. à soupe) de persil frais haché
15 ml (1 c. à soupe) de beurre fondu

Préchauffer le four à 180 °C (350 °F).

Dans une casserole d'eau bouillante salée, cuire le rutabaga, à couvert, pendant environ 5 minutes, jusqu'à ce qu'il soit presque tendre. Égoutter et réserver.

Dans un plat carré allant au four de 20 cm (8 po) de côté, superposer les tranches de rutabaga et de pommes. Ajouter le sel, le poivre et l'estragon et verser le lait. Couvrir et cuire au four pendant 20 minutes.

Dans un bol, mélanger les morceaux de pain, le persil et le beurre. Parsemer la préparation au rutabaga du mélange à la mie de pain. Passer sous le gril préchauffé du four 3 à 4 minutes jusqu'à ce que la garniture soit dorée.

Crème de rutabaga
au sirop d'érable

Entrée pour 6 personnes

30 ml (2 c. à soupe) de beurre

30 ml (2 c. à soupe) d'huile d'olive

1 poireau haché (partie blanche)

1 échalote hachée

1 litre (4 tasses) de rutabaga en cubes

750 ml (3 tasses) de bouillon de poulet

45 ml (3 c. à soupe) de sirop d'érable

250 ml (1 tasse) de crème 15 %

1 ml (1/4 c. à thé) sel

1 pincée de poivre

Faire revenir le poireau et l'échalote dans le beurre et l'huile 2 à 3 minutes, à feu moyen. Ajouter les cubes de rutabaga à la casserole et poursuivre la cuisson 3 minutes.

Ajouter le bouillon de poulet et amener à ébullition. Dès les premiers bouillons, réduire la chaleur et laisser mijoter 30 minutes environ, jusqu'à tendreté du rutabaga.

Passer au robot jusqu'à consistance homogène.

Remettre dans la casserole et ajouter le sirop d'érable et la crème.

Saler et poivrer. Laisser mijoter 2 ou 3 minutes, juste pour réchauffer.

Navet ou rabiole
(brassica rapa)

Anglais : *Turnip*

Histoire : Certains disent qu'il serait d'origine méditerranéenne, d'autres de Chine. Les Grecs et les Romains en consommaient plusieurs variétés. Il fut introduit en Amérique par Jacques Cartier avec la laitue et le chou et est donc devenu un des premiers légumes d'Europe cultivé ici.

Description : De la famille des crucifères, de forme bulbeuse, le navet est généralement de chair blanche et plus petit que le rutabaga. Il est habituellement teinté de rouge ou de mauve à la base des feuilles. Au Québec, ce qu'on appelle généralement navet est en fait le rutabaga. Les feuilles sont également comestibles, elles se cuisinent comme les épinards.

Achat : Acheter des rabioles fermes, de taille moyenne, exempte de meurtrissures. Les grosses rabioles sont plus fibreuses et amères. Disponibilité au Québec : toute l'année au supermarché.

Conservation : Les feuilles se conservent quelques jours au réfrigérateur. Le navet se conserve au caveau ou au réfrigérateur très longtemps.

Préparation : Se mange cru ou cuit. Il n'est pas nécessaire de peler le navet. Il se cuit à l'eau bouillante ou à la vapeur et est excellent en potage, dans les ragoûts et en purée. On peut aussi le blanchir quelques minutes avant de le congeler.

Santé : Contenant beaucoup d'eau, le navet a peu d'apport énergétique. Il est riche en potassium et calcium et contient de la vitamine B et C.

Légumes glacés

aux pommes

Accompagnement pour 4 personnes

1 pomme de terre coupée en bâtonnets de 6 cm (2 1/2 po) de longueur

2 carottes coupées en bâtonnets de 6 cm (2 1/2 po) de longueur

1 oignon coupé en gros morceaux

1 navet/rabiole coupé en bâtonnets de 6 cm (2 1/2 po) de longueur

1 pomme coupée en quartiers

30 ml (2 c. à soupe) de beurre

310 ml (1 1/4 tasse) de cidre de glace Réserve d'Éole de la cidrerie Val Caudalies à Dunham ou autre boisson liquoreuse à la pomme

2 branches d'herbes fraîches au goût (romarin, basilic, thym ou autre)

Sel au goût

Faire fondre le beurre dans une poêle et cuire les légumes 1 minute. Ajouter le cidre de glace et deux branches de l'herbe désirée. Saler et poivrer.

Sans couvrir, laisser réduire tout le liquide à feu doux-moyen (environ 15-20 minutes) en brassant de temps à autre.

Lorsque le liquide est presque complètement réduit, ajouter les quartiers de pomme et cuire encore quelques minutes ou jusqu'à ce que les légumes soient tendres. Servir.

Potage de carottes
et de rabioles

Entrée pour 6 personnes

60 ml (1/4 tasse) de beurre

1 oignon tranché

1 gousse d'ail hachée

1,25 litre (5 tasses) d'eau

375 ml (1 1/2 tasse) de carottes

250 ml (1 tasse) de rabioles

60 ml (1/4 tasse) de riz (non cuit)

30 ml (2 c. à soupe) de bouillon de poulet concentré

Sel et poivre

30 ml (2 c. à soupe) de persil haché

Peler les carottes et les rabioles et les couper en morceaux d'égale grosseur pour une cuisson uniforme.

Dans une casserole, faire fondre le beurre à feu moyen-fort et y faire sauter l'oignon et l'ail.

Ajouter les autres ingrédients, sauf le persil et amener à ébullition. Couvrir et laisser mijoter à feu doux 20 à 30 minutes. Passer le tout au robot pour en faire une belle purée. Parsemer de persil et servir.

Salsifis

(*Tragopogon porrifolius*)

Anglais : *Salsify*

Histoire : Originaire d'Europe méditerranéenne, le salsifis était couramment consommé par les Romains.

Description : Salsifis à peau jaune : racine brun clair et mince. Ressemble au panais sauf qu'il est formé de plusieurs racines. Salsifis noir : la peau de la racine est noire, cylindrique, longue; plus facile à peler.

Achat : On trouve plus souvent le salsifis noir, qui est plus charnu que le salsifis à peau jaune, entre octobre et mars. Choisir un légume ferme, de grosseur moyenne.

Conservation : Plusieurs jours au réfrigérateur. Le placer dans un sac de plastique perforé sans le laver.

Préparation : Peler et cuire comme du panais, environ 15 minutes dans l'eau bouillante. Ses bourgeons charnus se récoltent au printemps et se mangent aussi en crudité. Mettre des gants pour peler les salsifis noirs, car ils tachent les mains.

Santé : Riche en glucides (12 % sous forme d'inuline), en protéines, cellulose, potassium, vitamines B6 et C, magnésium, acide folique et phosphore.

> Choisissez des aliments d'ici selon la saison : au début de l'été, essayez les queues de violon et les pâtissons plutôt que les asperges; à l'automne, optez pour les courges plutôt que pour le brocoli !

Mousse

de salsifis

Accompagnement pour 4 personnes

Une boîte de salsifis (400 g) égouttés
ou 400 g de salsifis frais, pelés et cuits à l'eau bouillante 10-15 minutes
(les salsifis doivent être cuits et très tendres)
180 ml (3/4 tasse) de crème 15 %
2 œufs
7 ml (1 1/2 c. à thé) de romarin
Sel et poivre

Préchauffer le four à 180 °C (350 °F).

Réduire les salsifis en purée au robot; ajouter le reste des ingrédients et mélanger quelques secondes pour que le tout soit homogène.

Mettre dans des ramequins individuels.

Faire cuire 45 minutes.

Pennettes
au salsifis

Plat principal pour 4 personnes

150 g (2 tasses) de pennettes (ou autres petites pâtes)

150 g (2 tasses) de jambon coupé en petits cubes

2 salsifis cuits et coupés en petits morceaux

240 g (1 tasse) de fromage frais de la fromagerie Clément à Saint-Damase

125 ml (1/2 tasse) de crème 15 %

150 g (2 tasses) de fromage suisse Saint-Fidèle de La Malbaie, râpé

Sel et poivre

0,5 ml (1/8 c. à thé) de muscade en poudre

2 ml (1/2 c. à thé) de sel

1 ml (1/4 c. à thé) de poivre

Préchauffer le four à 250 °C (475 °F)

Cuire les pennettes selon les recommandations du fabricant.

Dans un bol, mélanger le fromage frais et la crème. Saler et poivrer et ajouter la muscade.

Ajouter à ce mélange les morceaux de jambon et de salsifis ainsi que la moitié du fromage suisse.

Verser ce mélange dans un plat à gratin et couvrir du reste de fromage. Mettre au four 10 minutes.

Légumes-tubercules

Crosne (*Stachys affinis*)

Crosnes rôtis
Légumes à la saveur de Provence

Pomme de terre (*Solanium tuberosum*)

Pommes de terre succulentes
Pommes de terre bleues garnies

Topinambour appelé artichaut du pauvre ou artichaut de Jérusalem (*Helianthus tuberosus*)

Velouté de topinambours au croûton de chèvre
Fricassée de topinambours

Crosne

(*Stachys affinis*)

Anglais : *Crosne*

Histoire : Originaire de l'Asie. En France, il fut acclimaté en 1882 par Pailleux et Bois dans le petit village de Crosne, commune de l'Essonne, qui lui donna son nom.

Description : Petit tubercule, à chair blanc pur et à peau beige, mesurant de 3 à 4 cm (1 1/4 à 1 3/4 po) de long et formant de petits tortillons annelés très curieux. Sa saveur douce rappelle celle de l'artichaut et du salsifis.

Achat : Les crosnes restent assez onéreux. Rechercher des crosnes fermes, non ridés. On les trouve dans certaines épiceries, principalement à l'automne.

Conservation : Les crosnes s'assèchent rapidement. Les conserver au réfrigérateur quelques jours.

Préparation : Laver les crosnes à grande eau pour en enlever la terre. Ils sont excellents crus, en salade ou à peine cuits pour éviter qu'ils ne deviennent pâteux. Se dégustent avec du beurre fondu ou du jus de viande. On peut les faire revenir rapidement dans la poêle avec les épices désirées.

Santé : Les crosnes sont constitués d'huiles essentielles, qui leur donnent leur goût. Ils possèdent des glucides, de l'amidon, des protides, des lipides et de la cellulose. Ils sont pauvres en vitamines mais riches en sels minéraux.

En achetant des produits locaux, on achète de la fraîcheur et du bon goût puisque les légumes restent plus longtemps sur le plant avant d'être cueillis.

Crosnes
rôtis

Pour 4 personnes

30 ml (2 c. à soupe) de beurre

30 ml (2 c. à soupe) d'huile d'olive

2 topinambours

125 ml (1/2 tasse) de crosnes

. Sel et poivre

30 ml (2 c. à soupe) de persil haché

Nettoyer les crosnes dans un linge de coton avec du gros sel et les rincer à l'eau froide. Nettoyer les topinambours en les brossant.

Couper les topinambours en bâtonnets. Les blanchir avec les crosnes dans l'eau bouillante salée pendant 3 minutes. Ne pas trop faire cuire, ils doivent être encore fermes.

Faire chauffer une poêle avec le beurre et l'huile et faire rôtir doucement les crosnes et les topinambours. Saler, poivrer et ajouter le persil.

Légumes
à la saveur de Provence

Accompagnement pour 4 personnes

4 carottes coupées en petits cubes

125 ml (1/2 tasse) de crosnes

1/2 brocoli coupé en petits bouquets

2 gousses d'ail émincées

1 tomate fraîche, pelée

30 ml (2 c. à soupe) d'huile d'olive

125 ml (1/2 tasse) de vin blanc sec ou de bouillon de légumes

30 ml (2 c. à soupe) de persil frais haché

30 ml (2 c. à soupe) de basilic frais haché

Laver les crosnes dans un linge de coton avec du gros sel et les rincer à l'eau froide.

Dans une poêle, faire revenir dans l'huile les carottes, les crosnes, le brocoli et l'ail, en remuant de temps à autre. Saler et poivrer.

Une fois les légumes bien dorés, ajouter la tomate pelée et écrasée et le vin blanc ou le bouillon.

Couvrir et laisser réduire à feu doux pendant 10 minutes.

Ajouter le persil et le basilic hachés.

Mélanger et servir.

Pomme de terre
(*Solanium tuberosum*)

Anglais : *Potatoe*

Connaissez-vous seulement une sorte de pomme de terre ? Il en existe deux mille variétés ! Lisez vite ceci pour connaître les diverses variétés offertes sur le marché et qui ont chacune leur spécificité et leur saveur propre. Peu de légumes offrent autant de possibilités de transformations culinaires. Pourquoi ne pas varier lors de votre prochaine épicerie ?

Histoire : Originaire des Andes, la pomme de terre a d'abord été découverte au Pérou par les conquistadors en 1532. Celle-ci était indispensable dans l'alimentation des Incas. Les Incas la cultivaient sous le nom de *Papa*.

Description : Tubercule à chair blanchâtre ou jaunâtre recouvert d'une peau couleur rouge, brune, jaune, verte ou bleu violacé. Plus ou moins ronds, allongés et lisses, les tubercules sont ornés de petits « yeux » d'où sortiront éventuellement les germes. La pomme de terre bleue n'est ni teintée ni modifiée génétiquement; elle possède plutôt un pigment tel le bleuet.

Achat : Choisir des pommes de terre fermes et intactes, exemptes de germes et de parties vertes. L'exposition de la pomme de terre à la lumière ou au soleil entraîne la formation de taches vertes. Ces parties vertes donneront un goût amer à la pomme de terre. Disponibilité au Québec : les pommes de terre cultivées au Québec sont disponibles toute l'année. Vérifiez donc la provenance des pommes de terre sur l'emballage avant d'acheter et encouragez les producteurs québécois !

Conservation : Se conserve très bien dans un endroit sec, loin de la lumière qui la fait verdir et développer dans sa chair une substance toxique, la solamine, qui la rend impropre à la consommation. En outre, la pomme de terre ne doit pas être gardée dans le même contenant que les oignons, car cela en accélère l'altération. À une température n'excédant pas 4 °C (9 °F), on peut entreposer les pommes de terre jusqu'à neuf mois. Dans un endroit où la température oscille entre 7 °C et 10 °C (14 °F et 20 °F), elle se gardera

environ 2 mois, excepté les pommes de terre nouvelles qui se conservent une semaine comme les pommes de terre cuites. Malgré son apparence, la pomme de terre est un légume délicat. Si elle présente des taches brunes ou noires, c'est qu'elle a été heurtée lors de sa manipulation. Il faut découper ces morceaux impropres à la consommation. Les pommes de terre se conservent dans des endroits sombres et frais. Évitez le dessous de l'évier, car la température y est trop chaude. Évitez également le réfrigérateur qui transformera l'amidon en sucre, ce qui donnera des pommes de terre en purée gluantes. L'idéal, lorsque cela est possible, est de la conserver dans une cave ou un sous-sol. La lumière est un ennemi de ce légume. Si la pomme de terre est exposée à la lumière trop longtemps, elle commencera à produire de la chlorophylle et prendra une teinte verte. Trop de vert signifie une pomme de terre amère. Les pommes de terre prélavées sont plus difficiles à conserver puisqu'elles ont perdu leur couche protectrice et deviennent plus vulnérables aux bactéries.

Préparation : La pomme de terre supporte divers modes de cuisson; elle peut notamment être cuite à l'eau, à la vapeur ou au four, être frite, rissolée ou réduite en purée. Les pommes de terre contenant le moins d'humidité donnent de meilleurs résultats à la friture (Idaho ou Russet, bintje, Desiree). Il existe plusieurs variétés de pommes de terre. Voir le petit tableau (p. 113) qui résume les variétés cultivées au Québec et les types de cuisson recommandés.

Santé : Constituée de 75 % d'eau, de vitamines A, B et surtout C, la pomme de terre est très vitaminique et énergétique. Riche en amidon, elle renferme des glucides (15 % à 20 %), des protéines et des sels minéraux, comme le potassium. Il ne faut pas perdre de vue l'importance de la pelure; elle renferme 40 % du contenu de la pomme de terre en vitamine C.

Contrairement à la croyance populaire, la pomme de terre ne fait pas grossir. Ce sont plutôt les à-côtés qui ajoutent les kilos : beurre, crème, crème sure, morceaux de bacon, huile, etc.

En fait, la pomme de terre est un aliment équilibré, sain et qui mérite d'être ajouté à toute alimentation variée. La pomme de terre est riche en fibres et protéines. De plus, elle possède de nombreux minéraux et des vitamines : vitamine C, vitamine B, fer, potassium. En fait, une pomme de terre de taille moyenne contient même 45 % de l'apport quotidien recommandé en vitamine C ! Et tout ça pour environ 120 calories.

Vraiment, il n'y a aucune raison d'éviter les pommes de terre dans son alimentation, même si on suit un régime.

Variété		Bouillie	Purée	Barbecue	Four	Frite	Salade
Pomme de terre rouge	-Norland -Chieftain	Excellente	Excellente	Excellente	Excellente	Excellente	Excellente
Pomme de terre blanche	-Hilite russet Shepody	Très bonne	Très bonne	Très bonne	Excellente	Excellente	Bonne
Pomme de terre ronde et blanche	-Eramosa -AC Belmont -Superior -Kennebec	Très bonne	Très bonne	Bonne	Excellente	Excellente	Bonne
Pomme de terre bleue	-Congo -All Bleue	Bonne	Bonne	Très bonne	Très bonne	Bonne mais elle perd sa teinte	Bonne
Pomme de terre à chair jaune	-Yukon Gold	Excellente	Très bonne	Bonne	Excellente	Excellente	Bonne

Pommes de terre

succulentes

Accompagnement pour 4 personnes

1 kg (2,2 lb) de pommes de terre longues

45 ml (3 c. à soupe) d'huile d'olive

Sel

Préchauffer le four à 220 °C (425 °F). Verser l'huile dans un plat à gratin et placer celui-ci sur la grille supérieure du four.

Peler et couper les pommes de terre en morceaux d'environ 4 cm (1 1/2 po). Cuire les pommes de terre dans l'eau bouillante salée environ 10 minutes (elles doivent être encore fermes à l'intérieur).

Égoutter les pommes de terre et agiter la casserole pour les sécher un peu.

Retirer le plat à gratin du four et y verser doucement les pommes de terre. Remuer à l'aide d'une cuillère de bois pour enrober les pommes de terre d'huile.

Étendre les pommes de terre en une seule couche dans le plat, saler et remettre au four 45 minutes ou jusqu'à ce que les pommes de terre soient dorées.

Servir.

Pommes de terre bleues

garnies

Plat principal pour 4 personnes

4 pommes de terre bleues

2 poitrines de poulet

250 ml (1 tasse) de bouillon de poulet ou de légumes

250 ml (1 tasse) de yogourt nature

15 ml (1 c. à soupe) de pesto

Basilic frais ciselé

Sel et poivre

Préchauffer le four à 200 °C (400 °F).

Emballer les pommes de terre individuellement dans du papier d'aluminium et cuire au four environ 1 heure.

Pendant ce temps, dans une casserole, faire cuire les poitrines de poulet dans le bouillon jusqu'à ce que la chair se défasse bien à la fourchette. Une fois cuites, émincer les poitrines.

Mélanger le yogourt et le pesto. Réserver au réfrigérateur.

Lorsque les pommes de terre sont cuites, les couper en deux, déposer la chair d'une moitié d'une poitrine dans chaque pomme de terre et napper généreusement de sauce.

Topinambour

appelé artichaut du pauvre et artichaut de Jérusalem (*Helianthus tuberosus*)

Anglais : *Jerusalem artichoke*

Histoire : Originaire du Canada, ce fut notre première pomme de terre. Ce tubercule avait une grande importance dans l'alimentation des Hurons et des Algonquins. Par confusion, un lien fut établi entre les Tupinambus, ces Indiens venus du Brésil en France, et le légume ramené en France par Samuel de Champlain, ce qui donna à ce légume le nom de topinambour.

Description : Semblable à la pomme de terre, de forme allongée, les topinambours sont de teinte jaunâtre ou rosâtre; leur chair est juteuse, ferme, de saveur légèrement sucrée, analogue à celle de l'artichaut, ce qui lui valut le nom d'*artichaut du Canada*. Visuellement, il ressemble à un croisement entre une racine de gingembre et une pomme de terre.

Achat : Lors de l'achat, choisissez des légumes qui sont fermes et qui possèdent une belle peau. Appliquez les mêmes critères d'achat que pour votre sélection de pommes de terre. Évitez les légumes noueux qui seront difficiles à peler. Disponibilité au Québec : de la mi-septembre jusqu'à la tombée de la neige, et en avril pendant quelques semaines.

Conservation : Tout comme la pomme de terre, le topinambour est un tubercule fragile. Il faut être délicat lors de sa manipulation. Mais contrairement à la pomme de terre, il se conservera seulement quelques jours au réfrigérateur.

Préparation : On apprête le topinambour en purée, au gratin ou à la crème. Cru, on l'ajoute aux salades ou on le sert en hors-d'œuvre (arrosé d'un liquide acide pour l'empêcher de noircir). Cuit, il remplace les châtaignes d'eau et les pommes de terre. Il accompagne bien le poireau et la volaille. La préparation des topinambours est facile. Vous les rincez, vous les brossez légèrement et vous les faites cuire dans l'eau bouillante jusqu'à ce qu'ils soient *al dente*, et voilà ! Un petit bain dans l'eau vinaigrée pour éviter l'oxydation et les topinambours sont prêts. Il faut éviter de trop les faire cuire pour ne pas qu'ils donnent de flatulences.

Santé : Riche en glucides (15 %), dont l'inuline, sucre assimilable par les diabétiques, et le fructose. Pauvre en protides, faible taux de protéines. Le topinambour est riche en potassium et phosphore, de même qu'en fer et thiamine. L'inuline peut causer des gaz. Il est suggéré de ne consommer les topinambours qu'en petite quantité la première fois qu'on y goûte.

Si chaque consommateur augmentait de 30 $ par année pendant cinq ans ses achats de produits alimentaires locaux, il en résulterait une injection d'un milliard de dollars dans l'économie agroalimentaire.

Velouté de topinambours
au croûton de chèvre

Entrée pour 4 personnes

50 g (3 c. à soupe) de beurre non salé

1 oignon haché

1 blanc de poireau haché

250 g (1/2 lb) de topinambours pelés et coupés en morceaux

1 litre (4 tasses) de bouillon de poulet

90 ml (6 c. à soupe) de crème 35 %

4 croûtons de pain baguette

60 g (2 oz) de fromage de chèvre La bûchette

de la Fromagerie Clément à Saint-Damase

Sel et poivre noir fraîchement moulu

Ciboulette fraîche ciselée, pour la garniture

Chauffer le beurre dans une grande casserole à fond épais et faire revenir l'oignon et le poireau 3-4 minutes, jusqu'à ce qu'ils deviennent translucides.

Ajouter les morceaux de topinambours et remuer bien pour les enduire de beurre. Verser le bouillon, couvrir et laisser mijoter 15 minutes jusqu'à ce que les topinambours soient tendres. Passer le tout au mélangeur.

Pendant ce temps, couper le fromage en 4 tranches. Déposer une tranche sur chaque croûton et placer sous le gril quelques minutes pour faire fondre le fromage légèrement. Réserver.

Passer la soupe au tamis dans la casserole et garder seulement le bouillon. Incorporer la crème, assaisonner de sel et poivre et réchauffer doucement.

Répartir le velouté dans les plats chauds et déposer 1 croûton au fromage de chèvre dans chacun des plats. Saupoudrer de ciboulette.

Fricassée

de topinambours

Accompagnement pour 4 personnes

1 kg (2,2 lb) de topinambours nettoyés et en tranches
(environ 12 topinambours)
Huile d'olive
1 oignon émincé
2 gousses d'ail hachées finement
90 ml (6 c. à soupe) de persil frais haché finement
Sel au goût
Pincée de noix de muscade moulue

Faire bouillir de l'eau dans une casserole.

Plonger les topinambours dans l'eau bouillante et les laisser cuire pendant 3 minutes. Égoutter et réserver.

Pendant que les topinambours cuisent, faire revenir l'oignon et l'ail dans un peu d'huile d'olive, jusqu'à ce que l'oignon soit translucide.

Ajouter les topinambours, le persil, le sel et la muscade au goût. Remuer et cuire encore 2 minutes. Il faut éviter de trop faire cuire les topinambours; ils doivent garder un petit croquant. Servir chaud.

Légumes-sauvages

Quenouille (*Thypha latifolia*)

Riz sauvage aux cœurs de quenouille
Roulades de quenouille

Pissenlit (*Taraxacum dens-leonis Desf.*)

Tourte au pissenlit
Salade de pissenlit

Chicorée (*Cichorium intybus* ou *endivia* var. *crispa*)

Mesclun automnal

Tête de violon, queue de violon ou crosse de fougère (*Matteuccia struthiopteris* et *Osmunda cinnamomea*)

Potage de têtes de violon
Têtes de violon amandine

Quenouille

(*Thypha latifolia*)

Anglais : *Cattail*

Description : Grande plante vivace vigoureuse de 2 mètres (6 1/2 pi) maximum, rampante, vivant en touffes. Longues feuilles rubanées de 8 à 20 mm (3/8 à 7/8 po) de large, vert grisâtre, assez pâles. Fleurs unisexuées portées sur la même inflorescence en épis denses, la partie mâle, couleur jaune paille, située au-dessus de la partie femelle et de même longueur. La partie femelle est dense et d'aspect brun et velouté. L'ensemble fait au maximum 15 cm (6 po).

Achat (cueillette) : Se vend en conserve ou en bocal dans les épiceries fines et les commerces spécialisés, mais vous pouvez les cueillir vous-même. Voici comment :

- Au printemps, on peut récolter les jeunes pousses (ou griffes) dans les marais. Il faut éviter de les cueillir dans les fossés, où les plantes risquent d'être contaminées.

- Du début de juin jusqu'à la mi-juillet, on récolte le cœur. On le cueille quand la plante mesure un mètre (3 pi) ou plus et avant qu'elle commence à former sa quenouille. Il faut chercher des spécimens qui poussent dans l'eau car ils risquent d'être durs si la racine est à sec.

- En juillet, c'est le moment de cueillir l'épi mâle, qui est encore vert et recouvert d'une membrane. La quenouille produit deux épis : un femelle et un mâle. Ce dernier se trouve toujours en haut.

Pour cueillir le cœur de la quenouille, on ne coupe pas la tige. Il faut saisir fermement cette dernière d'une main et donner un coup sec en tirant vers soi avec un léger angle. La tige cassera près du rhizome et la plante pourra repousser. Couper un bout d'environ 20 à 25 centimètres (8 à 10 po) à la base de la tige. Ce petit morceau, débarrassé de ses quelques couches extérieures fibreuses, contient le cœur tendre et blanc du légume.

Conservation : Après 24 heures, la plante perd sa fraîcheur.

Préparation :

Pousses : Après avoir coupé les deux extrémités, on enlève les couches extérieures les plus fibreuses des pousses. On peut les manger crues ou les faire bouillir à l'eau ou à la vapeur 1 ou 2 minutes et les servir comme légume avec un peu de beurre, du sel et du poivre. Elles sont également très bonnes froides, avec une vinaigrette simple.

Cœur : Le caviar de nos légumes sauvages. Il se consomme cru ou cuit, chaud ou froid. On l'apprête comme les asperges, les cœurs d'artichauts ou de palmier : en entrée, en hors-d'œuvre, en salade, accompagné d'une vinaigrette.

Épi mâle: On le fait cuire dans l'eau bouillante pendant 4 minutes et on le mange comme un épi de maïs avec du beurre et du sel.

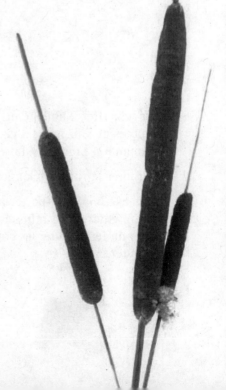

Riz sauvage

aux cœurs de quenouille

4 portions

30 ml (2 c. à soupe) d'huile d'olive

2 échalotes grises hachées

2 gousses d'ail émincées

125 ml (1/2 tasse) d'amandes effilées

375 ml (1 1/2 tasse) de mélange de riz brun et sauvage

750 ml (3 tasses) de bouillon de poulet

125 ml (1/2 tasse) de cœurs de quenouille cuits ou en pot

30 ml (2 c. à soupe) de persil haché

Sel et poivre du moulin

Faire chauffer l'huile dans une casserole. Faire revenir les échalotes et l'ail jusqu'à ce qu'ils soient translucides. Ajouter les amandes, brasser et faire dorer quelques minutes.

Incorporer le riz et mélanger pour enrober le riz.

Ajouter le bouillon, porter à ébullition. Couvrir, réduire le feu et cuire environ 30 minutes, jusqu'à ce que le riz soit tendre. Retirer du feu, ajouter les cœurs de quenouille et le persil. Saler et poivrer.

Roulades

de quenouille

Hors-d'œuvre pour 4 personnes

300 g (10 1/2 oz) de saumon fumé
20 bâtonnets de cœurs de quenouille de 4 cm (1 3/4 po)
Aneth frais
20 cure-dents

Étendre une tranche de saumon fumé. Couper en languettes d'environ 2 cm (1 po) de largeur.

Placer un bâtonnet de cœur de quenouille sur chacune des languettes de saumon fumé ainsi qu'une feuille d'aneth. Rouler et piquer avec un cure-dent.

Répéter.

L'avenir de notre agriculture locale passe assurément par un appui massif des consommateurs d'ici.

Pissenlit

(*Taraxacum dens-leonis Desf.*)

Anglais : *Dandelion*

Histoire : Le pissenlit pousse un peu partout et est habituellement considéré comme une mauvaise herbe. Cependant, il fut apprécié pendant plusieurs siècles pour ses propriétés médicinales et culinaires, particulièrement en Europe. Il est encore passablement populaire en France et auprès des Italiens. Son action diurétique lui a valu le nom de « pisse-en-lit ». Le pissenlit est aussi appelé « dent de lion » (d'où l'appellation en anglais) car ses feuilles sont profondément dentelées.

Description : A-t-on besoin de décrire cette « mauvaise herbe » tellement détestée par les propriétaires de pelouse ? C'est pourtant aussi une plante médicinale qui prospère très bien sous notre climat. Les feuilles d'un vert vif ont des tiges longues et blanches. La fleur est jaune. C'est le feuillage que l'on mange.

Achat (cueillette) : Les feuilles avec leur racine se conservent plus longtemps. La cueillette des pissenlits s'effectue lorsque les feuilles sont très jeunes, dès leur sortie de terre et avant la formation de tiges florales, moment où elles sont plus tendres et moins amères. Les racines se récoltent au printemps de leur deuxième année de croissance ou à l'automne de leur première année. Évitez de cueillir les pissenlits sur les terrains traités aux pesticides, insecticides, herbicides ou engrais chimiques ou encore aux abords des routes. On trouve aussi sur le marché des pissenlits de culture qui sont beaucoup moins amers que les sauvages et qui sont vendus toute l'année au Québec.

Conservation : Dans un sac de plastique perforé, ils se conservent environ cinq jours au réfrigérateur. Ne les laver qu'au moment de les consommer.

Préparation : Se mangent crus, souvent en salade ou cuits, apprêtés comme les épinards.

Santé : Les feuilles crues sont une excellente source de vitamine A, une bonne source de vitamine C et de potassium; elles contiennent du fer, du calcium, de la riboflavine, de la thiamine, du magnésium, de la vitamine B6, de l'acide folique et du cuivre.

Tourte au pissenlit

Plat principal pour 6 personnes

1 grosse poignée de pissenlits hachés
4 gros œufs battus
250 g (8 oz) de fromage feta canadien
15 ml (1 c. à soupe) d'huile
30 ml (2 c. à soupe) de noix de pin
30 ml (2 c. à soupe) de persil frais haché
Sel, poivre
45 ml (3 c. à soupe) de parmesan

Préchauffer le four à 190 °C (375 °F).

Placer le fromage feta dans un bol d'eau chaude pour le ramollir pendant une dizaine de minutes.

Pendant ce temps, trier, laver les pissenlits et les égoutter. Dans une casserole d'eau bouillante salée, cuire les pissenlits pendant 10 minutes. Égoutter et émincer. Réserver.

Huiler une assiette à tarte de 20 cm (8 po).

Égoutter le feta. Dans un grand bol, écraser le feta avec une fourchette. Ajouter les œufs, les pissenlits, les noix de pin et le persil. Saler et poivrer. Mélanger soigneusement.

Verser cette mixture dans l'assiette à tarte et mettre au four 45 minutes. La tourte est cuite quand la pointe d'un couteau ou un cure-dent piqué en ressort propre.

Délicieux avec une salade ou quelques croûtons à l'ail.

Salade
de pissenlit

6 portions

10 tranches de pancetta ou proscuito

500 ml (2 tasses) de feuilles de pissenlit ciselées

500 ml (2 tasses) de laitue de votre choix, ciselée

Poivre au goût

5 ml (1 c. à thé) de miel

1 gousse d'ail écrasée

30 ml (2 c. à soupe) de vinaigre de vin rouge

90 ml (6 c. à soupe) d'huile d'olive

Préchauffer le four à 180 °C (350 °F). Déposer 10 tranches de pancetta sur une plaque et enfourner pendant environ 10 minutes pour les rendre croustillantes.

Bien mélanger les feuilles de pissenlit et la laitue.

Faire la vinaigrette en mélangeant le miel, le poivre, l'ail écrasé et le vinaigre dans un bol. Ajouter l'huile petit à petit, en fouettant constamment.

Émietter la pancetta sur la salade. Arroser de la vinaigrette et bien mélanger. Servir immédiatement.

Chicorée

(*Cichorium intybus* ou *endivia var. crispa*)

Anglais : *Chicorey*

Histoire : Originaire de la région méditerranéenne, la chicorée pousse un peu partout en Amérique du Nord, en Europe et dans les régions tempérées de l'Afrique du Nord. Les racines de chicorée sauvage, améliorée par un botaniste belge, sont connues sous le nom d'endives !

Description : La chicorée est très amère. Ses tiges courtes sont formées de feuilles vertes à bords dentés rappelant le pissenlit.

Achat (cueillette) : Recherchez un légume au cœur pâle entouré de feuilles fermes, lustrées, croustillantes, bien frisées et d'un vert vif. Disponibilité au Québec : mi-juin à mi-novembre.

Conservation : Au réfrigérateur, dans un sac de plastique perforé pour qu'elle puisse respirer, elle se conserve environ une semaine. Pour redonner du croquant aux feuilles défraîchies, les plonger dans de l'eau glacée.

Préparation : En salade lorsqu'elle est jeune et tendre. Crue ou cuite, on l'utilise comme la laitue ou les épinards.

Santé : Excellente source d'acide folique, de vitamine A et de potassium; elle est une bonne source de vitamine C, d'acide pantothénique et de cuivre.

Mesclun

automnal

4-6 portions en entrée ou accompagnement

1/2 chicorée frisée

1/2 laitue frisée

1/2 raddicchio

1/2 poivron rouge

1/2 poivron jaune

125 ml (1/2 tasse) d'huile d'olive

45 ml (3 c. à soupe) de vinaigre de vin rouge

5 ml (1 c. à thé) de moutarde de Dijon

1 gousse d'ail hachée

15 ml (1 c. à soupe) de persil frais haché

15 ml (1 c. à soupe) de basilic frais haché

15 ml (1 c. à soupe) de ciboulette

Sel et poivre

Croûtons à salade

Laver les laitues, les essorer et les déchirer dans un saladier.

Couper les poivrons en dés et les ajouter aux laitues.

Préparer la vinaigrette en mélangeant tous les autres ingrédients. Verser sur la salade.

Parsemer la salade de croûtons.

Tête de violon

queue de violon ou crosse de fougère
(*Matteuccia struthiopteris* et *Osmunda cinnamomea*)

Anglais : *Crosier* ou *fiddle head*

Histoire : En Amérique du Nord, les crosses de fougère étaient consommées par les Amérindiens bien avant l'arrivée des Européens.

Description : Il y a des milliers d'espèces de fougères, mais seules les crosses de certaines espèces sont comestibles dont celles de la fougère-à-l'autruche et de l'osmonde cannelle (la grande fougère). La saveur de ce légume raffiné rappelle à la fois celle de l'asperge et du haricot vert.

Achat (cueillette) : On cueille les crosses de fougère au printemps lorsqu'elles sont encore enroulées sur elles-mêmes et qu'elles mesurent de 10 à 15 cm (4 à 6 po) de haut. Cet état dure environ 15 jours. Une fois déroulées, elles ne sont plus comestibles. On les trouve à l'état frais dans les marchés et même dans les épiceries, du début mai à la mi-juin. On en trouve aussi en pot dans les épiceries fines et les commerces spécialisés. Lorsqu'on achète des têtes de violon fraîches, on doit rechercher des crosses bien enroulées, d'un beau vert vibrant, qui possèdent encore leurs écailles brunes.

Conservation : Au réfrigérateur, enveloppées dans du papier absorbant et dans un sac de plastique, elles se conservent une ou deux journées après l'achat.

Préparation : Frotter les crosses avec les mains pour les débarrasser de leurs écailles. Bien les laver et les assécher. Elles se mangent cuites, chaudes ou froides, arrosées de beurre ou de vinaigrette, ou autre sauce. Cuire entre 10 et 12 minutes dans l'eau bouillante ou à la vapeur. Il faut éviter de consommer les crosses de fougère crues ou sautées.

Santé : Source de potassium; elles contiennent de la vitamine C, de la niacine et du fer.

Potage de têtes de violon

Entrée pour 4 personnes

1 litre (4 tasses) de têtes de violon cuites
750 ml (3 tasses) de bouillon de poulet
1 pomme de terre en cubes
125 ml (1/2 tasse) d'oignons verts hachés
30 ml (2 c. à soupe) de beurre
375 ml (1 1/2 tasse) de lait
Sel et poivre
Ciboulette et persil frais pour garnir

Faire revenir les oignons dans le beurre.

Ajouter tous les autres ingrédients sauf le lait et la ciboulette et faire mijoter jusqu'à ce que les pommes de terre soient cuites.

Passer au robot, ajouter le lait et assaisonner.

Réchauffer. Garnir de ciboulette ou de persil.

Têtes de violon amandine

Accompagnement pour 4 personnes

500 ml (2 tasses) de têtes de violon
80 ml (1/3 tasse) de beurre
60 ml (1/4 tasse) d'amandes tranchées
3-4 échalotes grises
Jus de 1/2 citron

Faire bouillir les têtes de violon 10 à 12 minutes dans l'eau bouillante salée. Bien égoutter.

Faire fondre le beurre et faire revenir les amandes pour les griller légèrement. Ajouter les échalotes et le jus de citron.

Verser sur les têtes de violon.

Les groupes d'achat permettent de se procurer des fruits et légumes de la région.

Légumes-tiges

Bette à cardes (*Beta Vulgaris* var. *cicla*)

Bette à cardes à la poêle
Mini-omelettes de bette à cardes
Queues de bette à cardes au parmesan

Chou chinois (*Brassica rapa* var. *chinensis*)

Bœuf au bok choy
Bok choy sautés

Chou-rave (*Brassica oleracea* var. *gongylodes*)

Crème de chou-rave
Salade de chou-rave

Rhubarbe (*Rheum rhaponticum*)

Gâteau renversé à la rhubarbe et à l'orange
Compote de rhubarbe et de canneberges
Gelée rouge de rhubarbe

Bette à cardes

(*Beta Vulgaris* var. *cicla*)

Anglais : *Chard* ou *Swiss chard*
Connue également sous le nom de blette ou joutte.

Histoire : Originaire d'Europe, on la trouve un peu partout (Asie mineure jusqu'en Inde).

Description : De la même famille que la betterave (famille des chénopodiacées), elle a par contre un feuillage abondant et large d'un vert lustré et des nervures démesurées, les cardes. La tige centrale est large et épaisse, blanche, jaune ou rouge. Les parties vertes ont un goût moins prononcé que les épinards mais se préparent comme eux.

Achat : Rechercher des bettes aux tiges et aux feuilles fermes, bien colorées. Disponibilité au Québec : juin à mars.

Conservation : Environ une semaine au réfrigérateur.

Préparation : Laver soigneusement la bette, car elle emprisonne souvent sable et terre; si les cardes sont fibreuses, en couper la base et retirer les fibres qui s'enlèvent comme des fils. Pour éviter que les cardes ne noircissent à la cuisson, les cuire dans une eau acidulée. Les cardes s'apprêtent comme l'asperge ou le céleri, nappées de sauce hollandaise par exemple ou de vinaigrette; les feuilles s'apprêtent comme l'épinard.

Santé : La bette renferme une grande quantité de fer, du cuivre, de l'acide folique et de nombreuses vitamines (A, B2 et C), du magnésium et du potassium.

Bette à cardes

à la poêle

Accompagnement pour 4 personnes

1 paquet de bette à cardes
15 ml (1 c. à soupe) d'huile d'olive
1 gousse d'ail hachée
2 ml (1/2 c. à thé) de sel
Poivre du moulin

Laver et essorer une botte de bette à cardes. Retirer les tiges. Hacher grossièrement les feuilles.

Dans une poêle, faire revenir l'ail haché pendant 30 secondes dans l'huile à feu moyen-vif.

Ajouter les feuilles de bette à cardes réservées, le sel et le poivre.

Couvrir et cuire pendant environ 8 minutes ou jusqu'à ce que la bette à cardes ait ramolli. Bien égoutter. Délicieux avec poissons et viandes blanches.

Mini-omelettes

de bette à cardes

Plat principal pour 4 personnes

Une quinzaine de feuilles de bette à cardes

3 gousses d'ail hachées

1/2 oignon haché fin

15 ml (1 c. à soupe) de persil frais haché

15 ml (1 c. à soupe) de basilic frais haché

Sel et poivre

90 ml (6 c. à soupe) de parmesan râpé

30 ml (2 c. à soupe) de noix de pin grillées

5 œufs

5 ml (1 c. à thé) de beurre

5 ml (1 c. à thé) d'huile d'olive

Laver et bien sécher les feuilles de bette à cardes et retirer les queues.

Placer 4-5 feuilles l'une par-dessus l'autre et couper les feuilles sur la longueur et la largeur pour former de petits carrés d'environ 1 cm (1/2 po) de côté. Mettre la bette à cardes dans un grand bol.

Ajouter l'ail, l'oignon, le persil, le basilic, le parmesan et les noix de pin. Saler et poivrer.

Casser les œufs un à un dans le bol et brasser à la fourchette après chacun pour lier le tout.

Faire chauffer le beurre et l'huile dans une grande poêle à frire. Déposer une grosse cuillérée de préparation dans la poêle de manière à former des petites crêpes d'environ 8 cm (3 po) de diamètre.

Faire dorer les mini-omelettes quelques minutes de chaque côté. Retirer de la poêle et garder au chaud. Cuire les autres mini-omelettes.

Servir accompagnées de légumes frais tels des tomates, concombres, fèves ou autres légumes de saison.

Queues de bette à cardes
au parmesan

Accompagnement pour 2-4 personnes

500 ml (2 tasses) de queues de bette à cardes
10 ml (2 c. à thé) de beurre
15 ml (1 c. à soupe) de parmesan râpé
Poivre du moulin

Couper les queues de bette à cardes en morceaux de 2 cm (1 po) de long.

Faire bouillir de l'eau dans le fond d'une casserole et plonger les morceaux de bette à cardes 2 minutes pour blanchir. Égoutter.

Déposer la bette à cardes dans un plat allant au four. Ajouter le beurre et laisser fondre pour enrober le légume.

Saupoudrer de fromage parmesan, poivrer et passer sous le gril quelques minutes pour faire fondre le fromage.

Servir chaud. Accompagne merveilleusement bien les poissons.

Chou chinois

(*Brassica rapa* var. *chinensis*)
Le Bok choy appelé aussi Pak choi est une variété de chou chinois

Anglais : *Chinese cabbage* or *Bok choy*

Histoire : Originaire de Chine, il a été introduit aux États Unis à la fin du XIXe siècle.

Description : Ressemble au céleri ou à la bette à cardes, ses tiges blanchâtres sont juteuses, croustillantes et de saveur douce. Elles se terminent par des feuilles nervurées.

Achat : Rechercher un chou chinois aux tiges compactes, fermes et fraîches. Les feuilles peuvent toutefois être légèrement amollies. Disponibilité au Québec : juin à février.

Conservation : Au réfrigérateur, dans un sac de plastique perforé, dans le bac à légumes, il se conserve quelques jours.

Préparation : Cru, cuit ou mariné. Couper la base, tailler les tiges en gros tronçons. Les cuire à la vapeur quelques minutes, ajouter les feuilles après car elles nécessitent très peu de cuisson. La tige peut remplacer le céleri et les feuilles, les épinards. S'apprête surtout dans les sautés de légumes.

Santé : Excellente source de potassium et de vitamine A, il est aussi une bonne source de vitamine C et d'acide folique; il contient de la vitamine B6, du calcium et du fer.

> Les produits locaux ont le mérite de profiter à l'ensemble de notre société. C'est aussi ça une agriculture équitable ! « Charité bien ordonnée commence par soi-même. »

Bœuf au bok choy

Plat principal pour 4 personnes

500 ml (2 tasses) de riz brun

3 bébés pak choi

500 g (1 lb) de viande à fondue chinoise

1 gousse d'ail hachée

30 ml (2 c. à soupe) de racine de gingembre hachée

45 ml (3 c. à soupe) d'huile d'arachide

250 g (1/2 lb) de champignons tranchés

1 piment rouge

1 oignon émincé

250 ml (1 tasse) de bouquets de brocoli

60 ml (1/4 tasse) de sauce soya

250 ml (1 tasse) de bouillon de bœuf

30 ml (2 c. à soupe) de fécule de maïs

60 ml (1/4 tasse) d'eau froide

Graines de sésame grillées

Préparer le riz selon les indications du fabricant.

Couper le pied du pak choi en gros morceaux et hacher les feuilles vertes.

Faire revenir les tranches de viande une à une dans 15 ml (1 c. à soupe) d'huile avec l'ail et le gingembre.

Retirer les morceaux de viande dès qu'ils ont perdu leur teinte rosée.

Ajouter le reste de l'huile, les morceaux du pied du chou pak choi, les champignons, le piment rouge, l'oignon et les bouquets de brocoli. Cuire 3-4 minutes jusqu'à ce que les légumes soient tendres. Remettre la viande dans la casserole.

Ajouter la sauce soya et le bouillon. Porter à ébullition. Baisser le feu, ajouter les feuilles de pak choi. Couvrir et poursuivre la cuisson à feu moyen 3-4 minutes.

Dans un petit bol, diluer la fécule de maïs dans l'eau froide et verser dans la casserole.

Mélanger et poursuivre la cuisson quelques minutes.

Servir avec le riz brun et saupoudrer de graines de sésame grillées.

Bok choy

sautés

Accompagnement pour 4 personnes

4 bok choy miniatures
1 grosse gousse d'ail hachée
250 ml (1 tasse) de bouillon de légumes

Dans une grande poêle, sur feu moyen, faire revenir les bok choy et l'ail.

Sauter 2-3 minutes jusqu'à ce que les bok choy prennent une belle couleur verte, puis ajouter le bouillon et cuire à découvert environ 7 minutes jusqu'à ce que le liquide soit réduit et les bok choy soient tendres mais encore *al dente*.

N.B. Si vous ne trouvez pas de bok choy miniatures, remplacez-les par un bok choy ordinaire tranché grossièrement.

Chou-rave

(*Brassica oleracea* var. *gongylodes*)

Anglais : *Kohl-rabi*

Histoire : Originaire d'Extrême-Orient, il a été créé par des jardiniers, après maintes hybridations.

Description : Tubercule rond doté de tiges portant des feuilles. Il existe des choux-raves de couleur pourpre, rouge violet ou complètement blanche, mais au Québec on trouve surtout le blanc. Sa chair est sucrée et croquante avec une subtile saveur de radis.

Achat : Choisir un chou-rave lisse, exempt de taches et ne dépassant pas 7 cm (3 po) de diamètre afin d'éviter qu'il ne soit fibreux. On trouve le chou-rave de mai à janvier dans le commerce.

Conservation : Se conserve environ une semaine au réfrigérateur sans les feuilles, dans un sac de plastique perforé. Ne se congèle pas.

Préparation : Apprêter comme du navet. On le pèle en prenant un peu d'épaisseur pour enlever la partie fibreuse sous la peau, on le cuit à l'eau ou à la vapeur. Fondant, il accompagne bien les saucisses et le porc. On peut aussi le préparer en purée ou en soupe. Cru, il est aussi apprécié pour sa saveur moutardée et sucrée. On peut également le farcir de viande et le faire gratiner. Les verdures sont comestibles. Les cuire comme celles de la betterave.

Santé : Constitué de fibres, de sels minéraux, d'oligo-éléments et riche en vitamine C et potassium. Riche en vitamines, en biotine et en acide folique ainsi qu'en magnésium, calcium et sélénium.

Crème

de chou-rave

3 choux-raves

4 carottes

1 grosse pomme de terre

15 ml (1 c. à soupe) d'huile d'olive

1 litre (4 tasses) de bouillon de poulet

Peler les choux-raves, les carottes et la pomme de terre; les couper en petits morceaux et les faire revenir 2 minutes dans l'huile. Ajouter le bouillon et mijoter pendant 15 à 20 minutes.

Mixer le tout en purée. Saler, poivrer.

Salade

de chou-rave

6 portions

2 choux-raves

1 pomme

1/2 poivron rouge en cubes

1/2 poivron vert en cubes

30 ml (2 c. à soupe) de canneberges séchées

60 ml (1/4 tasse) de persil frais haché fin

30 ml (2 c. à soupe) de graines de tournesol

30 ml (2 c. à soupe) d'amandes effilées

Vinaigrette

60 ml (4 c. à soupe) d'huile d'olive

60 ml (4 c. à soupe) de vinaigre de vin rouge ou de cidre

15 ml (1 c. à soupe) de moutarde de Dijon

30 ml (2 c. à soupe) de confiture de framboises

30 ml (2 c. à soupe) de sirop d'érable

60 ml (4 c. à soupe) de mayonnaise

30 ml (2 c. à soupe) de crème sure

2 ml (1/2 c. à thé) de sel

Poivre du moulin

Variante de vinaigrette

80 ml (1/3 tasse) d'huile végétale

15 ml (1 c. à soupe) d'huile de sésame

Jus de un citron

Sel et poivre

Peler les choux-raves et la pomme et les râper finement.

Dans un saladier, mélanger tous les ingrédients de la salade.

Mélanger tous les ingrédients de la vinaigrette. Arroser la salade et mélanger soigneusement.

Réfrigérer un peu avant de servir.

Rhubarbe

(*Rheum rhaponticum*)

Anglais : *Rhubarb*

Histoire : L'étymologie grecque indique que le mot rhubarbe vient du latin *reubarbarum* qui signifie racine barbare. Cela n'a rien d'étonnant puisque tout ce qui venait de l'extérieur était barbare, c'est-à-dire étranger. L'origine de la rhubarbe est contestée : certains la voient originaire du Tibet ou de Mongolie, d'autres, des rives de la Volga.

Description : Grande plante vivace et l'un des légumes les plus précoces de la saison. Larges feuilles glabres. Longues tiges rougeâtres, épaisses et charnues.

Achat : Au Québec, on la trouve abondamment dans les marchés de la mi-juin à la fin juillet. On peut l'acheter congelée. Les petites tiges sont plus tendres et moins fibreuses. On peut aussi l'acheter congelée dans les supermarchés.

Conservation : Elle se garde une semaine au réfrigérateur. On peut la mettre en conserve ou la congeler facilement, simplement coupée en morceaux.

Préparation : On consomme les pétioles (les tiges). On la mange crue, trempée dans du sucre ou du sel; on en fait de la compote et de la marmelade, on la met dans les muffins, les sorbets, les tartes. Elle est délicieuse combinée aux fraises ou aux pommes et elle se marie bien avec la cannelle, le citron et le gingembre.

Santé : On utilise trois sortes de rhubarbe pour leurs vertus thérapeutiques : la rhubarbe de Chine, de Moscovie et de Perse. Ces trois variétés contiennent de l'acide chrysophanique ou rhéine qui possède des propriétés purgatives ne provoquant ni contractions ni coliques. Elles contiennent également de la cellulose, de l'amidon, du tanin, de la malate et de l'oxalate de calcium. Riches en acide oxalique, elles contiennent aussi du potassium et de la vitamine C, du calcium et de nombreuses fibres.

Gâteau renversé
à la rhubarbe et à l'orange

Dessert pour 6 à 8 personnes

15 g (1 c. à soupe) de beurre mou

500 ml (2 tasses) de rhubarbe rouge fraîche ou congelée,
coupée en morceaux de 2,5 cm (1 po)

1 boîte de clémentines égouttées

140 g (2/3 tasse) de cassonade

175 g (1 1/2 tasse) de farine tout usage

5 ml (1 c. à thé) de poudre à pâte

2 ml (1/2 c. à thé) de bicarbonate de sodium

2 ml (1/2 c. à thé) de sel

Le jus et le zeste d'une grosse orange

110 g (1/2 tasse) de beurre à température ambiante

110 g (1/2 tasse) de sucre

2 œufs

125 ml (1/2 tasse) lait

Préchauffer le four à 180 °C (350 °F).

Si la rhubarbe est congelée, la décongeler et l'assécher avec des essuie-tout. Beurrer un moule carré de 23 cm (9 po). Y répartir la cassonade, puis la rhubarbe et les clémentines.

Mélanger la farine avec la poudre à pâte, le bicarbonate et le sel. Ajouter le zeste de l'orange.

Battre le beurre avec le sucre au batteur électrique jusqu'à consistance crémeuse. Incorporer les œufs, un à la fois. Ajouter le jus d'orange et le lait. Parsemer de zeste d'orange.

À basse vitesse, ajouter la farine peu à peu. Battre jusqu'à homogénéité, pas davantage. Remplir le moule. Frapper sur le comptoir pour faire sortir les bulles d'air. Cuire au centre du four de 25 à 30 minutes.

Retirer du four et laisser reposer 5 minutes. Passer un couteau autour du gâteau et le retourner sur une assiette de présentation. Laisser tiédir avant de servir. Accompagner de crème glacée de votre choix.

Compote de rhubarbe
et de canneberges

Dessert pour 6 personnes

450 g (4 tasses) de rhubarbe coupée en petits morceaux

90 ml (6 c. à soupe) de sirop d'érable

90 ml (6 c. à soupe) de canneberges séchées

60 ml (4 c. à soupe) d'eau

60 ml (4 c. à soupe) d'amandes effilées grillées

Dans une casserole, mélanger tous les ingrédients sauf les amandes.

Porter à ébullition puis baisser le feu et mijoter environ 10 minutes jusqu'à ce que la rhubarbe soit tendre.

Servir avec du yogourt nature et saupoudrer d'amandes grillées.

Acheter des produits locaux, c'est contribuer à augmenter les parts de marché des produits agroalimentaires d'ici sur le marché intérieur.

Gelée rouge
de rhubarbe

Donne 500 ml (2 tasses)

410 ml (1 2/3 tasse) de rhubarbe coupée en morceaux
160 ml (2/3 tasse) de poudre pour gelée aux fraises

Mettre la rhubarbe dans une casserole et cuire de 10 à 20 minutes, à feu doux, en remuant constamment. Retirer du feu.

Ajouter la poudre pour gelée et mélanger jusqu'à ce qu'elle soit dissoute.

Verser dans un pot de verre et laisser refroidir complètement avant de placer au réfrigérateur. Tartiner des rôties ou servir sur de la crème glacée.

Références
bibliographiques

FRAPPIER, Renée, *Le Guide de l'alimentation saine et naturelle*, tome 2, Éditions Asclépiades inc., 1990.

LE GROUPE FLEURBEC, *Plantes sauvages au menu*, guide culinaire Fleurbec, Montréal, Le groupe Fleurbec inc., 1981.

La Nature on en mange, vol.1 n° 1, automne 2002.
L'actualité, février 2004.

Sites

www.servicevie.com

www.lacourgerie.com

www.gourmetsauvage.ca.

www.courge-quebec.com

www.legumesduquebec.com

www.passeportsante.net

Blogue d'Anne Samson

www.legumesoublies.com

Où trouver

ces légumes ?

Les légumes qu'on retrouve dans ce livre sont pour la plupart disponibles dans toutes les épiceries conventionnelles. Ainsi, vous y trouverez sans problème les aubergines, courgettes, citrouilles, courges musquées, courges spaghetti, panais, rutabagas, navets, pommes de terre, bettes à carde et rhubarbes. Certains seront disponibles seulement lorsque c'est le temps de la récolte comme la citrouille et la rhubarbe mais toutes les épiceries l'offriront. D'autres légumes seront aussi disponibles dans les épiceries, selon la demande des consommateurs.

Par contre, si vous ne retrouvez pas certains légumes à votre épicerie, voici une petite liste (non-exhaustive) d'endroits plus specialisés où vous pourrez vous les procurer. Vous retrouverez aussi une liste plus complète sur le blogue :

www.legumesoublies.com.

Marchés

Région de Montréal

Marché Jean-Talon
7070, rue Henri-Julien, au sud de la rue Jean-Talon
http://www.marchespublics-mtl.com/
ouvert à l'année

Marché Atwater
138, avenue Atwater, tout juste au sud de la rue Notre-Dame
http://www.marchespublics-mtl.com/
ouvert à l'année

Marché Maisonneuve
4445, rue Ontario est, entre Pie-IX et Viau
http://www.marchespublics-mtl.com/
ouvert à l'année

Marché Lachine
1865, rue Notre-Dame, coin 18e avenue
http://www.marchespublics-mtl.com/
ouvert à l'année

Marché Public 440
3535 Autoroute 440 Ouest, Laval, Québec H7P 5G9
http://www.marche-public440.com
ouvert à l'année

Marché de la Prairie
1200 Ch DE Saint-Jean, La Prairie, Québec J5R 2L7
(450) 444-5976
ouvert de mai à octobre

Région de Québec

Marché du Vieux-Port de Québec
160 St André, Québec, Québec
(418) 692-2517
www.marchevieuxport.com
ouvert de mai à octobre

Marché Public Jean Talon de Charlesbourg
1750 rue du Périgord, Québec, Québec
(418) 623-3424
www.marchejeantalon.com
ouvert de mai à octobre

Marché Public de Sainte-Foy
939 av Roland Beaudin, Sainte-Foy, Québec
(418) 641-6662
ouvert de juin à octobre

Fruiteries

Fruiterie 440
http://www.fruiterie440.com/
6 succursales

2888 Av. du Cosmodôme, au CENTROPOLIS, Laval
(450) 973-9138

7500 boul. des Galeries d'Anjou, Anjou H1M 3M4
(514) 351-8440

3840 boul. Taschereau, Greenfield Park J4V 2H9
(450) 465-0440

1570 chemin Gascon, Terrebonne J6X 3A2
(450) 964-3885

3781 boul. Des Sources, Dollard-des-Ormeaux H9B 2K4
(514) 684-1440

385 rue Soumande, Québec, face à la Place Fleurs de Lys
(418) 688-2440

Jardins mobiles
20 succursales à Québec
http://www.jardinmobile.com/

Le Végétarien
http://www.levegetarien.com
7 succursales

30, rue Principal Ouest
Magog, Québec J1X 2B6
(819) 843-4419

777, rue King Est
Sherbrooke, Québec J1G 1C6
(819) 821-2318

50, boul. Jacques-Cartier Nord
Sherbrooke, Québec J1J 2Z8
(819) 823-7646

3960, boul. Des Forges
Trois-Rivières, Québec G8Y 1V7
(819) 372-9730

665, Boul. Thibeau
Trois-Rivières, Québec G8T 6Z6
(819) 378-1226

650, boul. Jutras Est, local 100
Victoriaville, Québec G6S 1E1
(819) 752-6776

1100, Boul. St-Joseph
Drummondville, Québec J2C 2C7
(819) 478-8951

mes recettes...

Nom de la recette :

Ingrédients :

Préparation :

Nom de la recette :

Ingrédients :

Préparation :

Nom de la recette :

Ingrédients :

Préparation :

Nom de la recette :

Ingrédients :

Préparation :

Nom de la recette :

Ingrédients :

Préparation :

Nom de la recette :

Ingrédients :

Préparation :

Nom de la recette :

Ingrédients :

Préparation :

Nom de la recette :

Ingrédients :

Préparation :

Nom de la recette :

Ingrédients :

Préparation :

Nom de la recette :

Ingrédients :

Préparation :

Nom de la recette :

Ingrédients :

Préparation :

Nom de la recette :

Ingrédients :

Préparation :

Ce livre a été imprimé sur du papier recyclé